69

TU FAIS/TU DIS

Version Hot pour couples

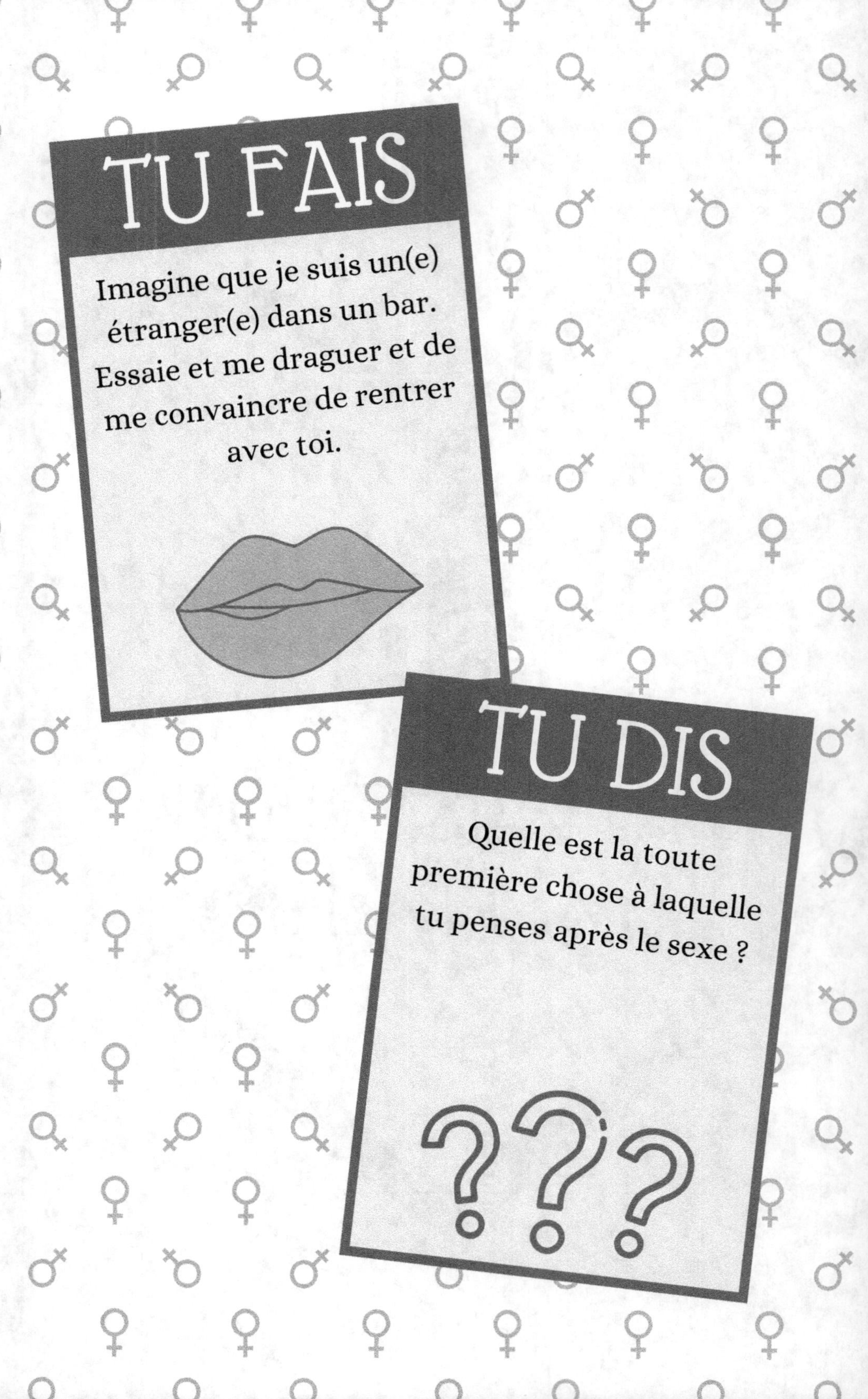
TU FAIS
Imagine que je suis un(e) étranger(e) dans un bar. Essaie et me draguer et de me convaincre de rentrer avec toi.
TU DIS
Quelle est la toute première chose à laquelle tu penses après le sexe ?

TU FAIS
Prends un torchon ou une serviette (propre) et fouette moi pendant 30 secondes !
TU DIS
Quel est ton fantasme le plus fou ?

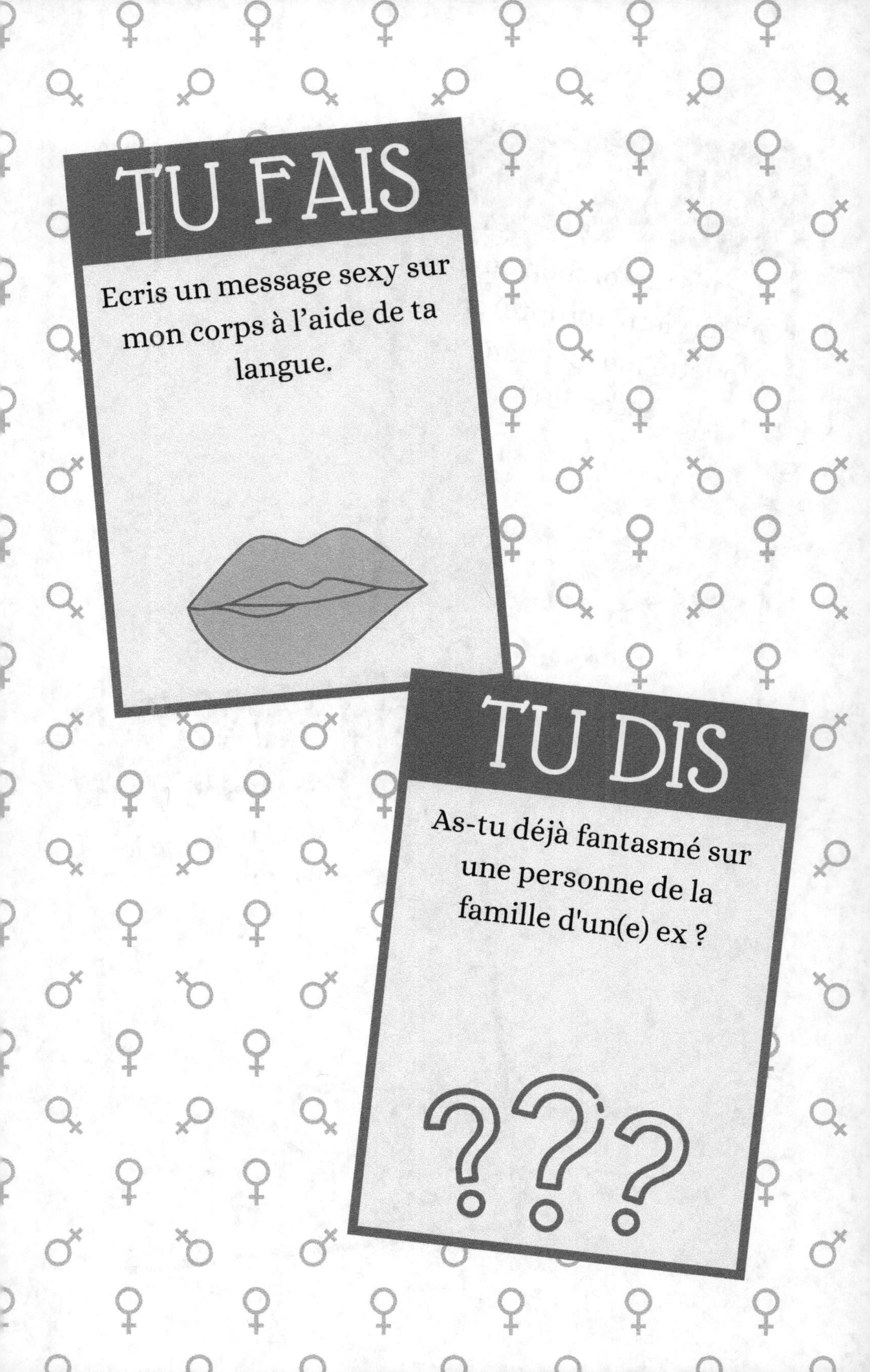
TU FAIS
Ecris un message sexy sur mon corps à l'aide de ta langue.
TU DIS
As-tu déjà fantasmé sur une personne de la famille d'un(e) ex ?

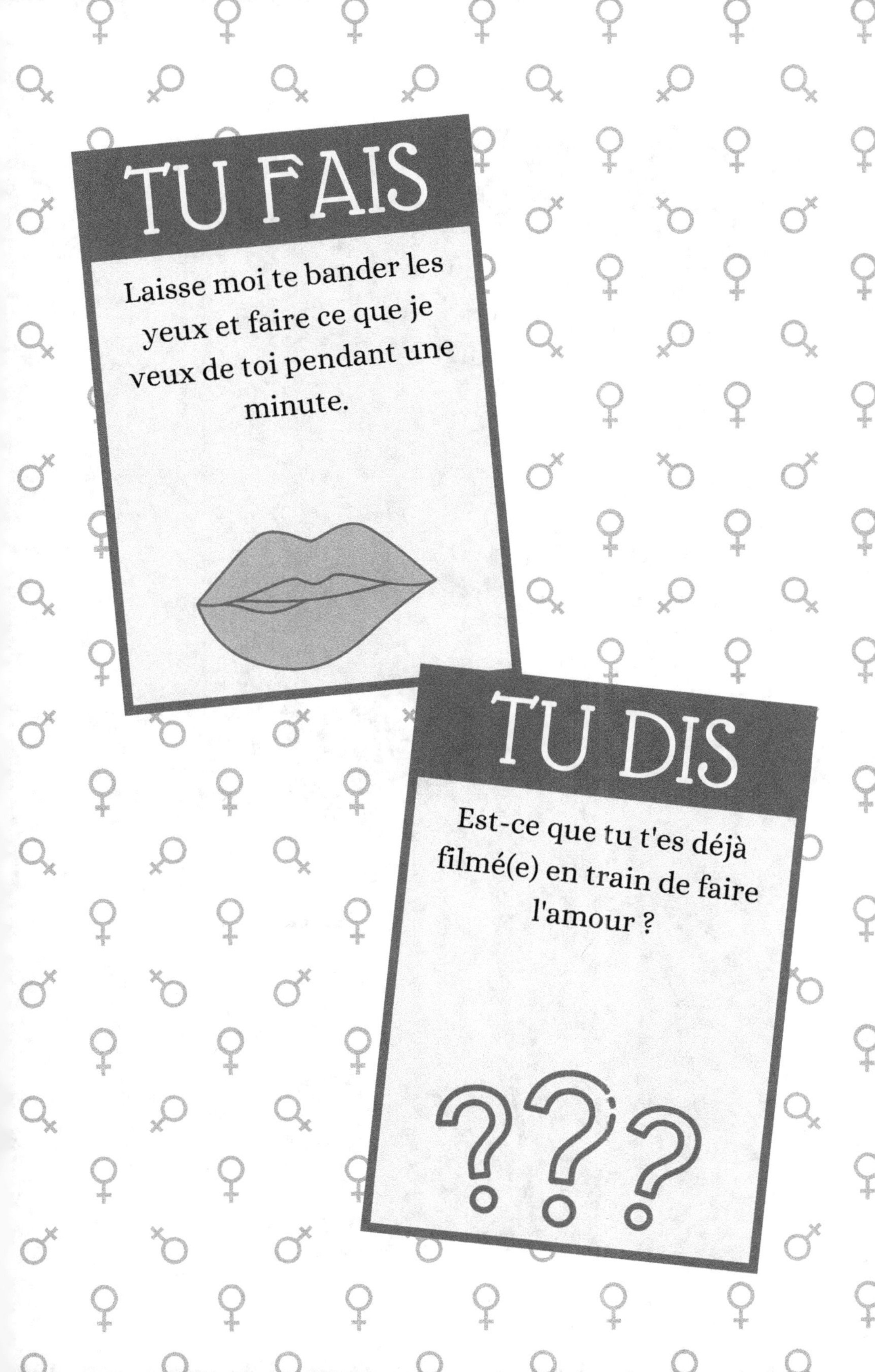
TU FAIS
Laisse moi te bander les yeux et faire ce que je veux de toi pendant une minute.
TU DIS
Est-ce que tu t'es déjà filmé(e) en train de faire l'amour ?

TU FAIS
Stimule deux parties de mon corps en même temps. Sers toi de ta main et de tes lèvres.
TU DIS
Quel est le vêtement dans lequel tu me trouves le/la plus sexy ?

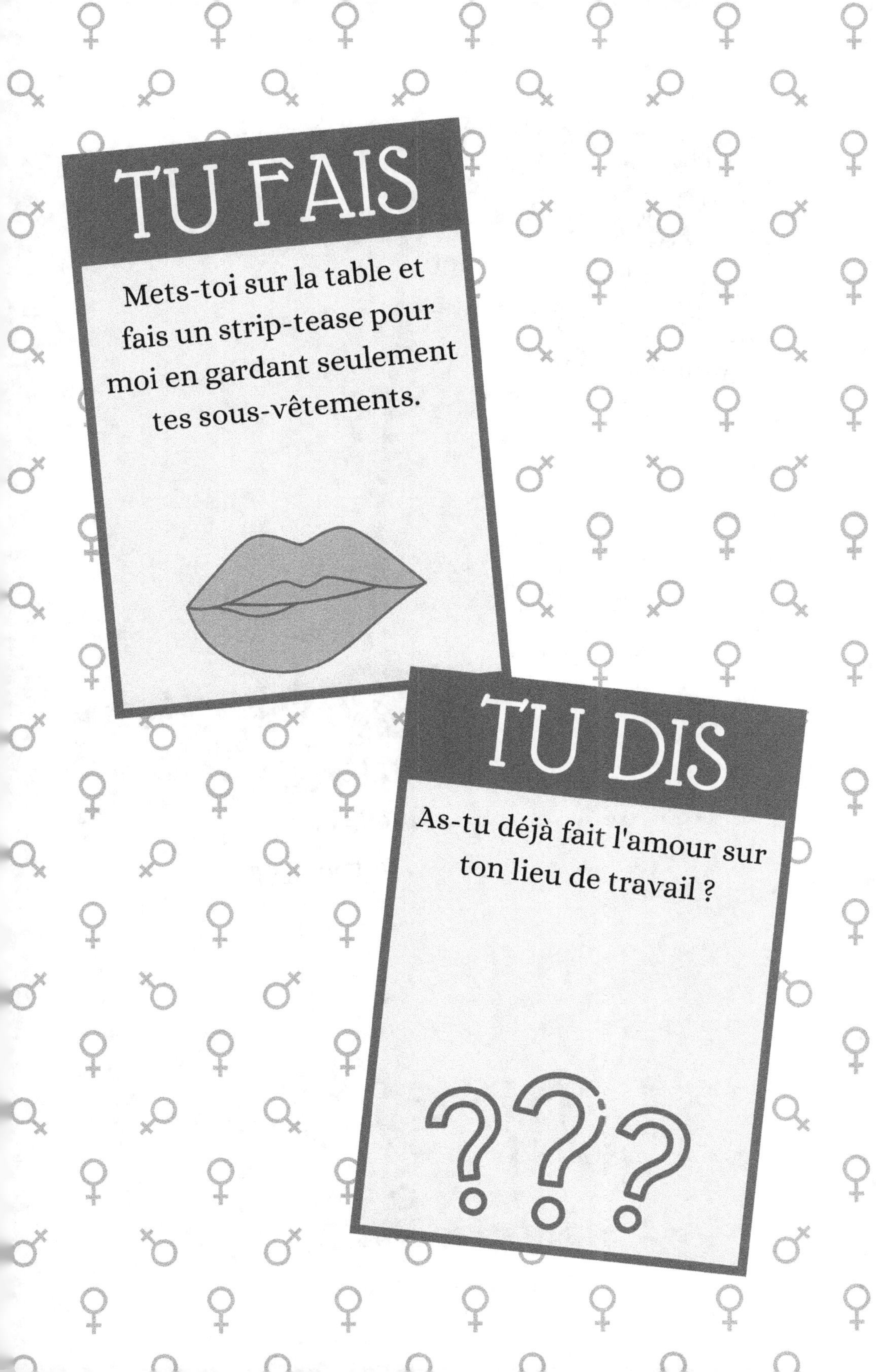

TU FAIS
Mets-toi sur la table et fais un strip-tease pour moi en gardant seulement tes sous-vêtements.
TU DIS
As-tu déjà fait l'amour sur ton lieu de travail ?

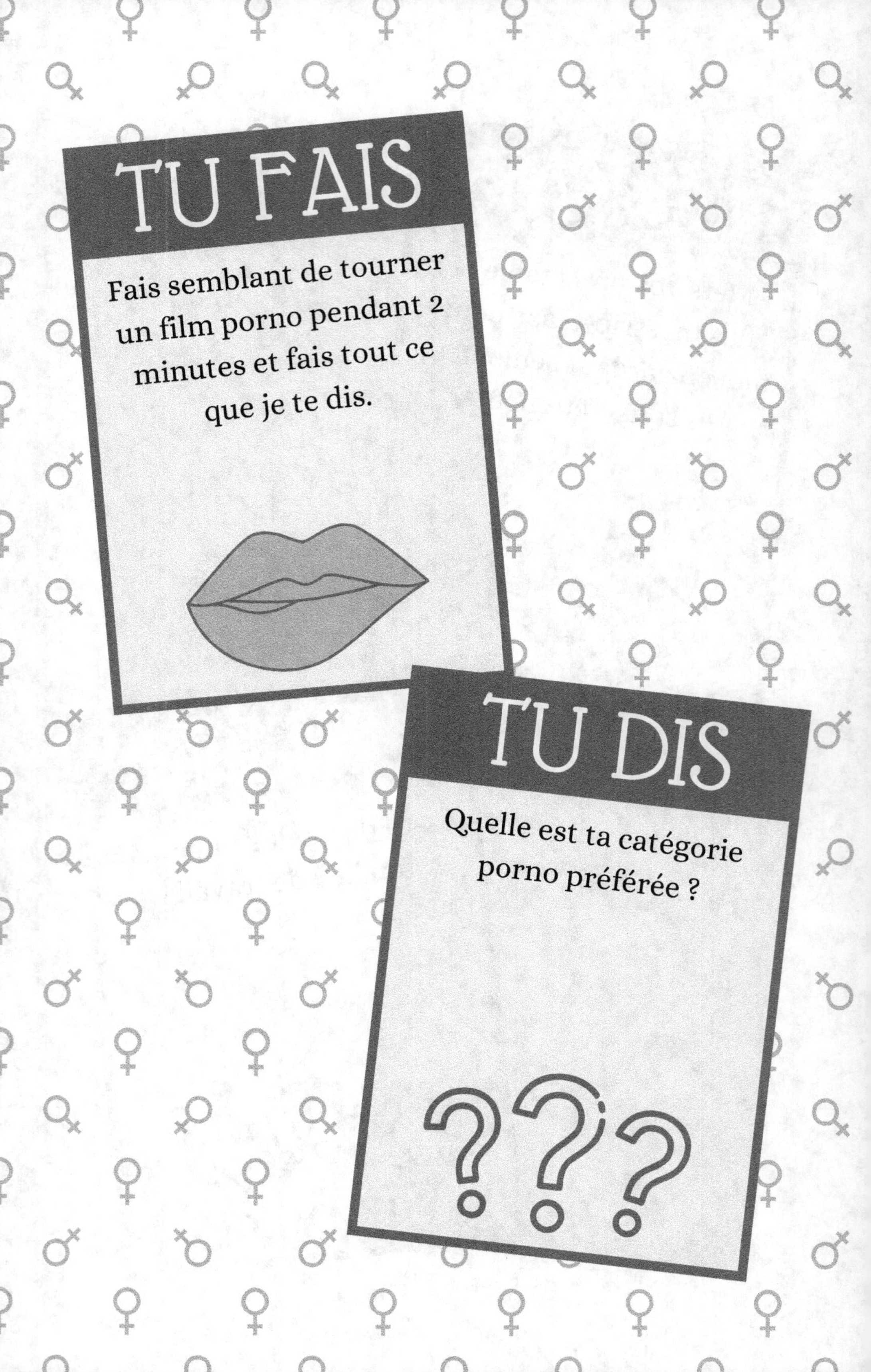
TU FAIS
Fais semblant de tourner un film porno pendant 2 minutes et fais tout ce que je te dis.
TU DIS
Quelle est ta catégorie porno préférée ?

TU FAIS
Verse un peu d'alcool sur mon ventre et lèche moi de manière sensuelle.
TU DIS
As-tu déjà eu une relation avec une personne rencontrée sur une appli de rencontres ?

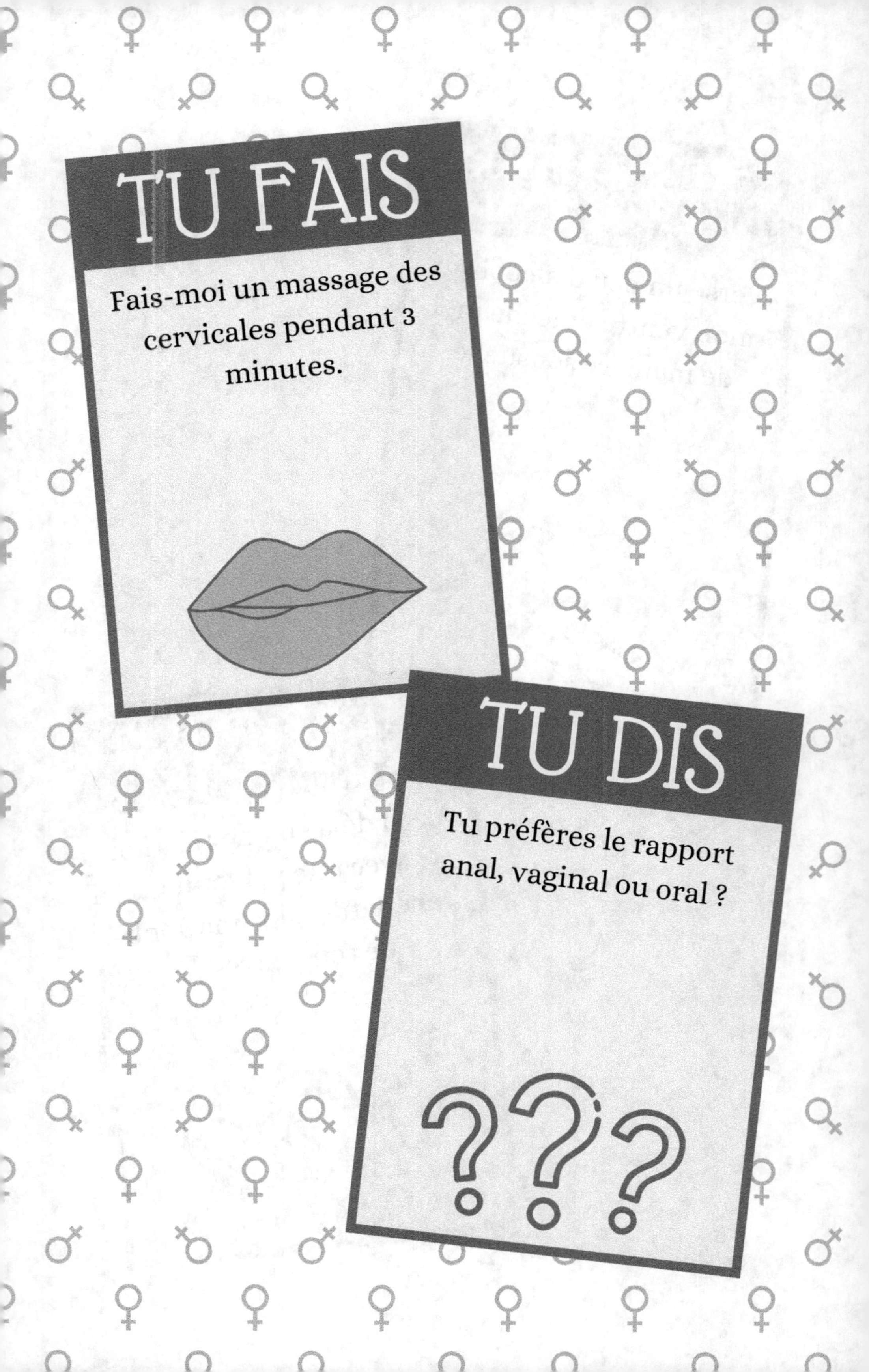

TU FAIS
Fais-moi un massage des cervicales pendant 3 minutes.
TU DIS
Tu préfères le rapport anal, vaginal ou oral ?

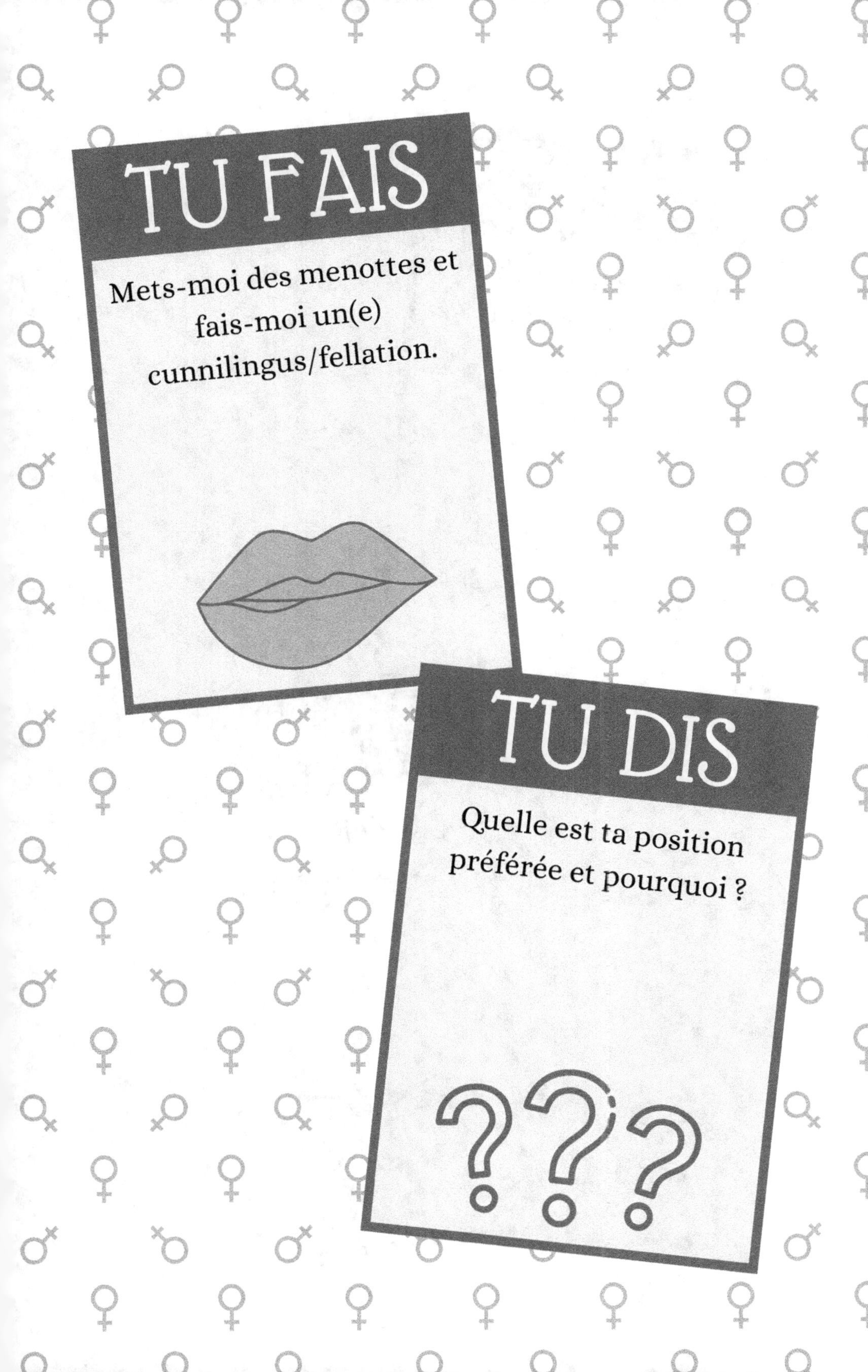

TU FAIS
Mets-moi des menottes et fais-moi un(e) cunnilingus/fellation.
TU DIS
Quelle est ta position préférée et pourquoi ?

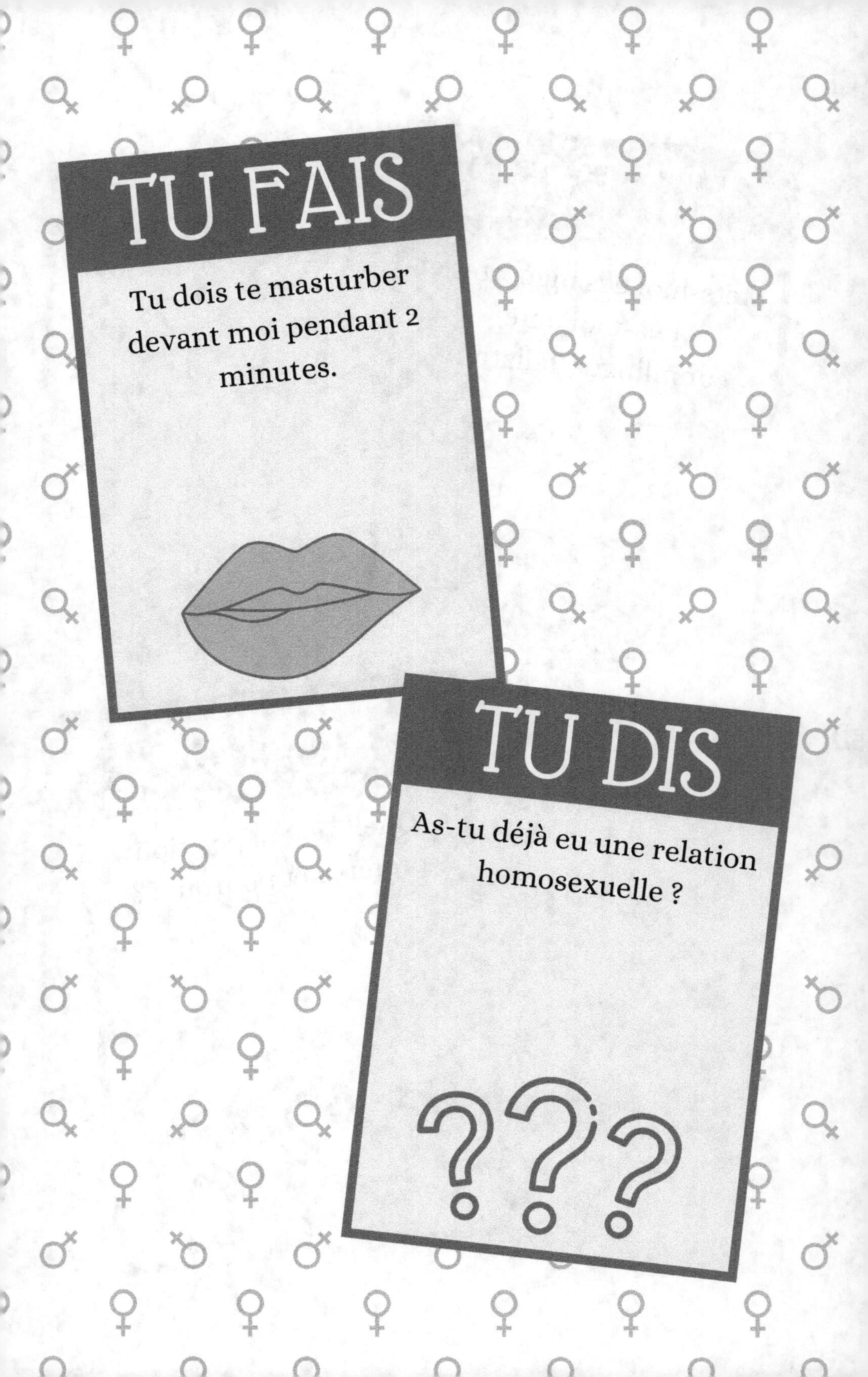

TU FAIS
Tu dois te masturber devant moi pendant 2 minutes.
TU DIS
As-tu déjà eu une relation homosexuelle ?

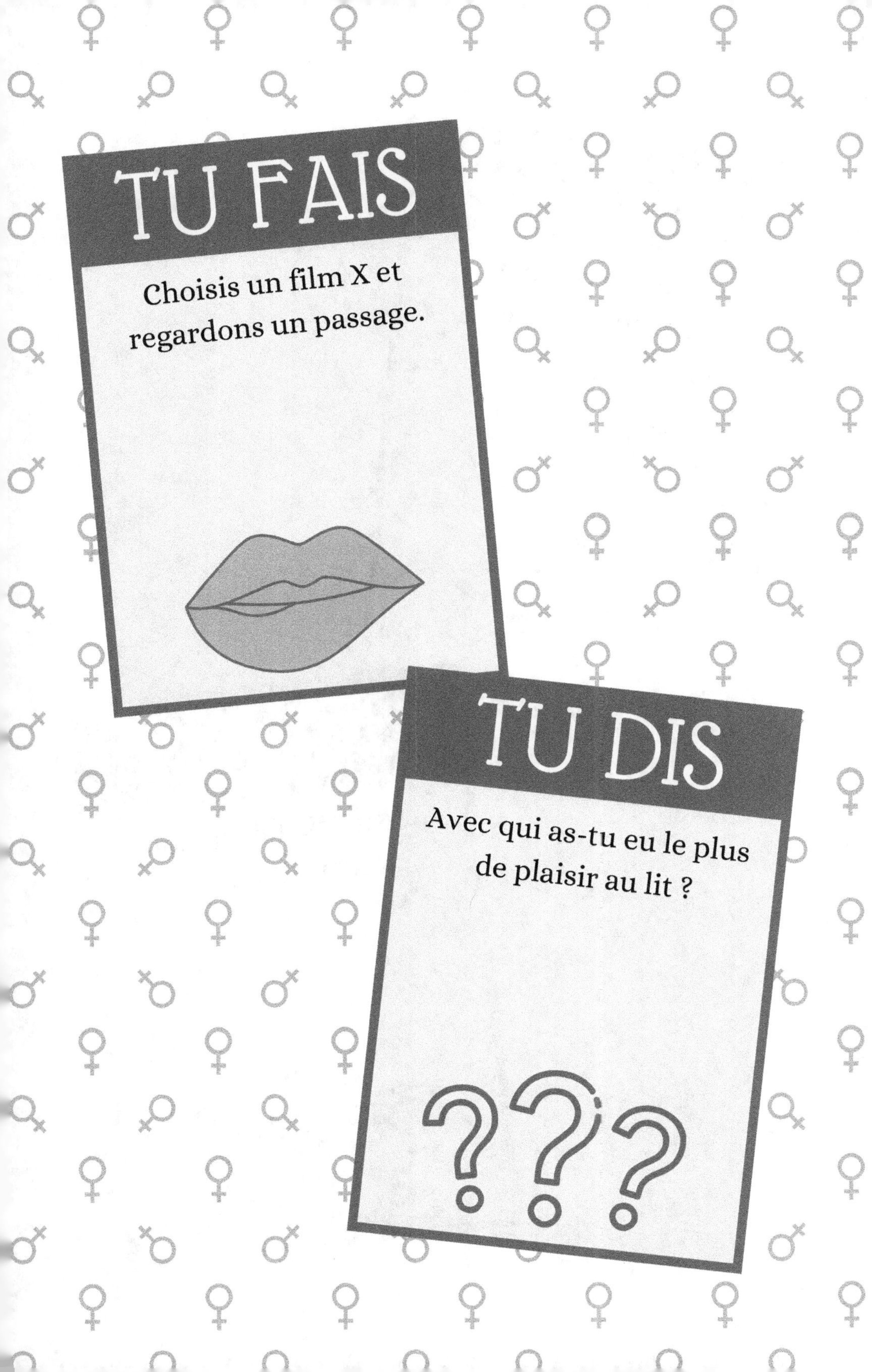
TU FAIS
Choisis un film X et regardons un passage.
TU DIS
Avec qui as-tu eu le plus de plaisir au lit ?

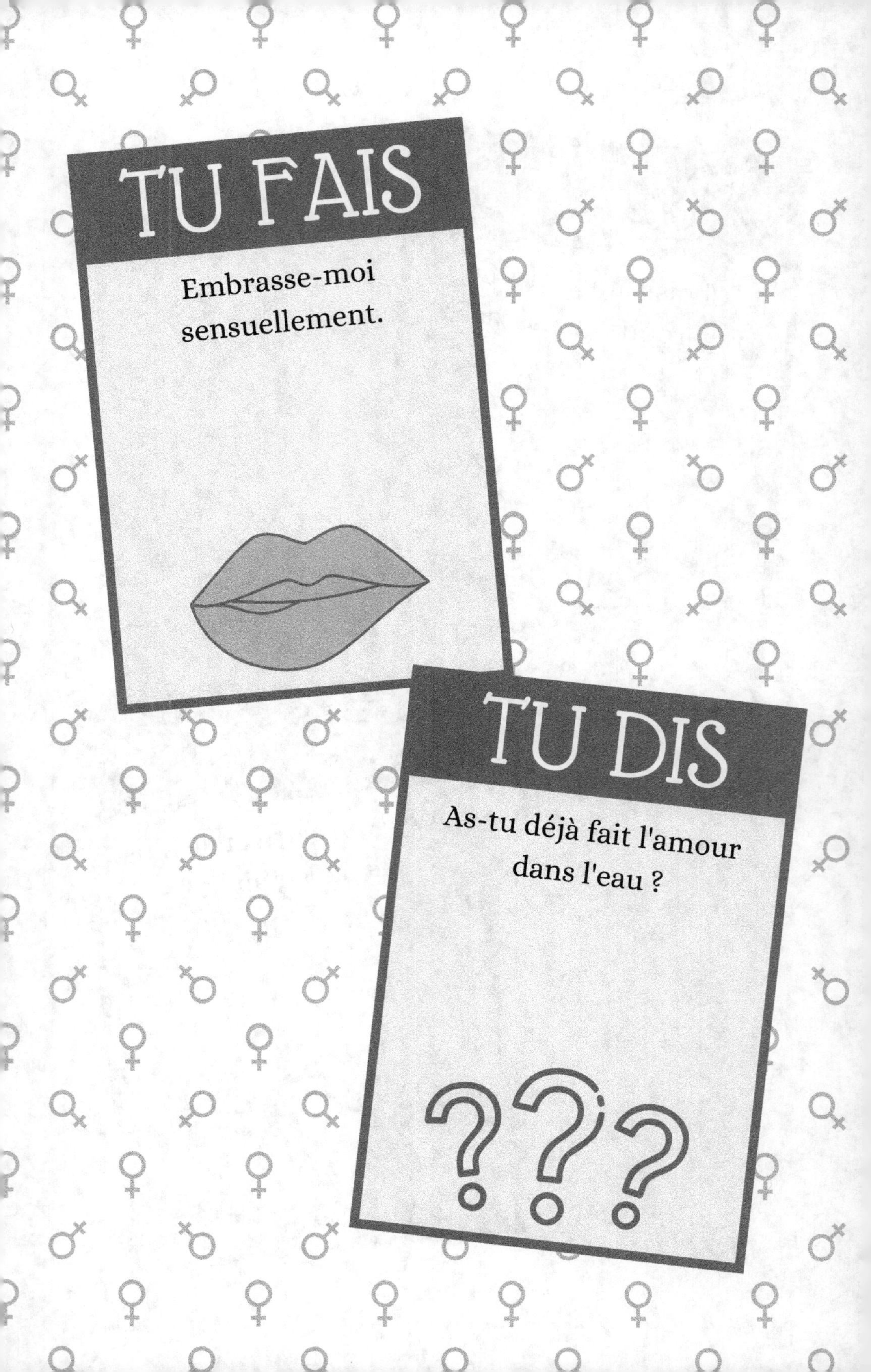

TU FAIS
Embrasse-moi sensuellement.
TU DIS
As-tu déjà fait l'amour dans l'eau ?

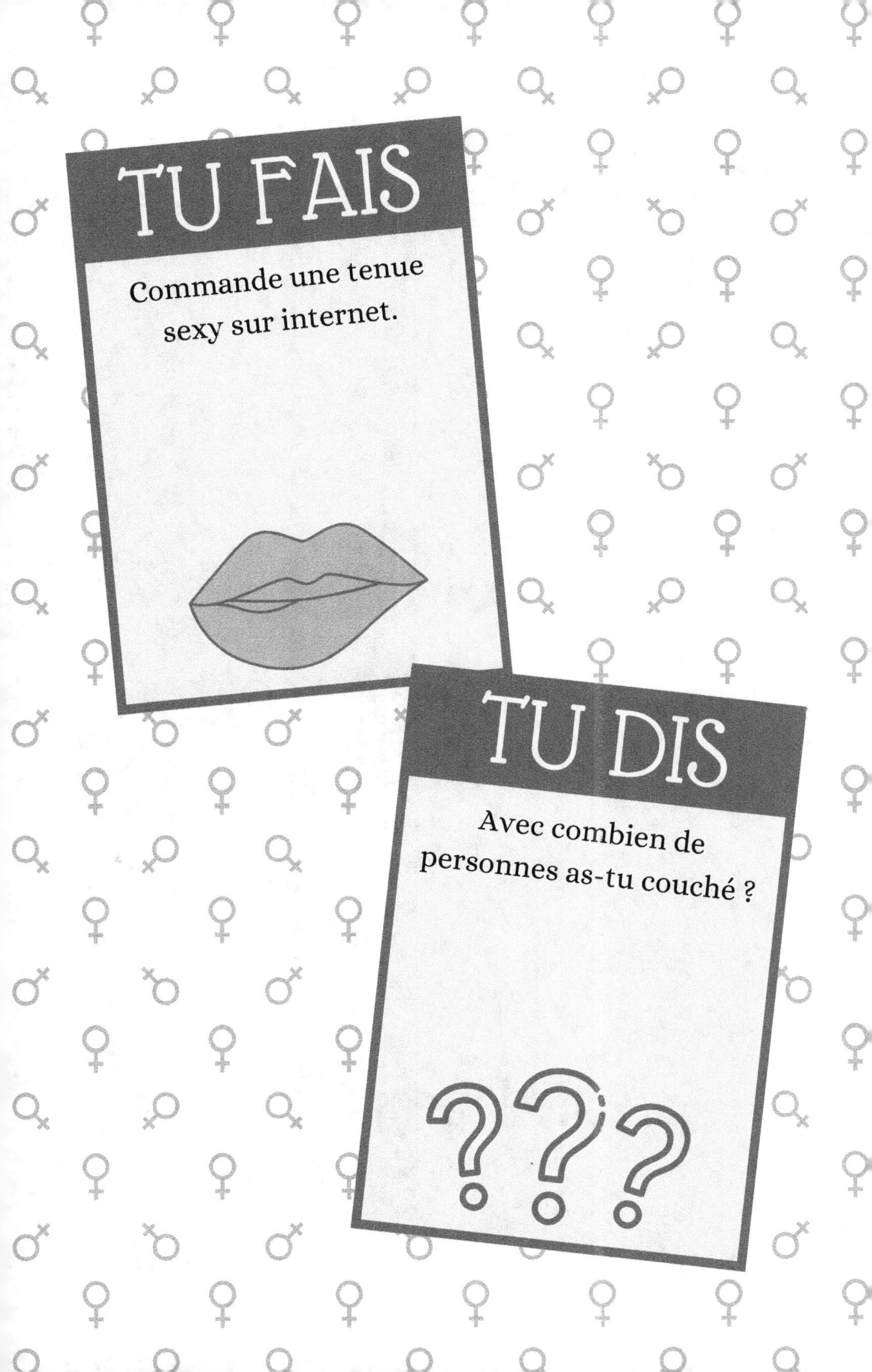
TU FAIS
Commande une tenue sexy sur internet.
TU DIS
Avec combien de personnes as-tu couché ?

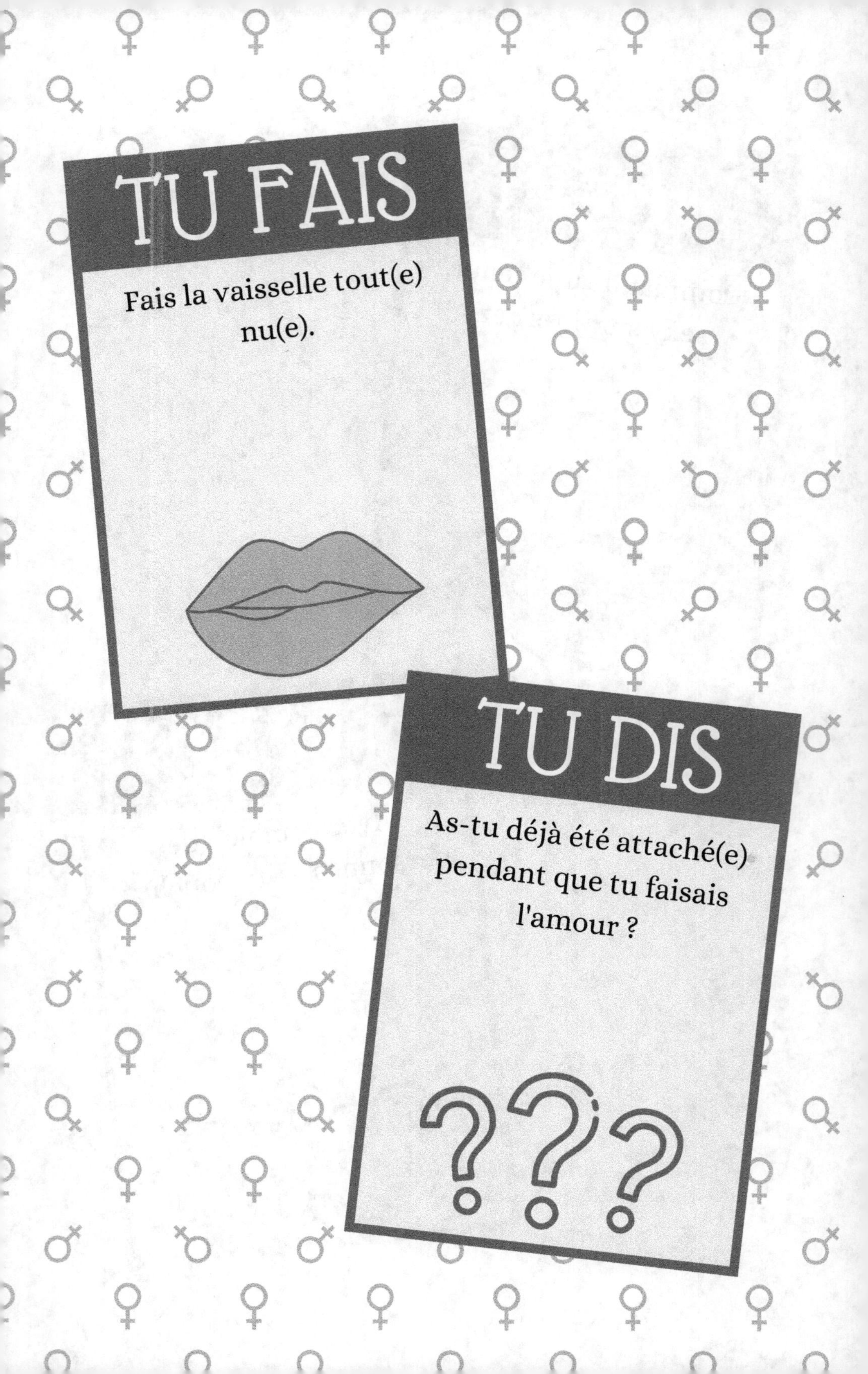
TU FAIS
Fais la vaisselle tout(e) nu(e).
TU DIS
As-tu déjà été attaché(e) pendant que tu faisais l'amour ?

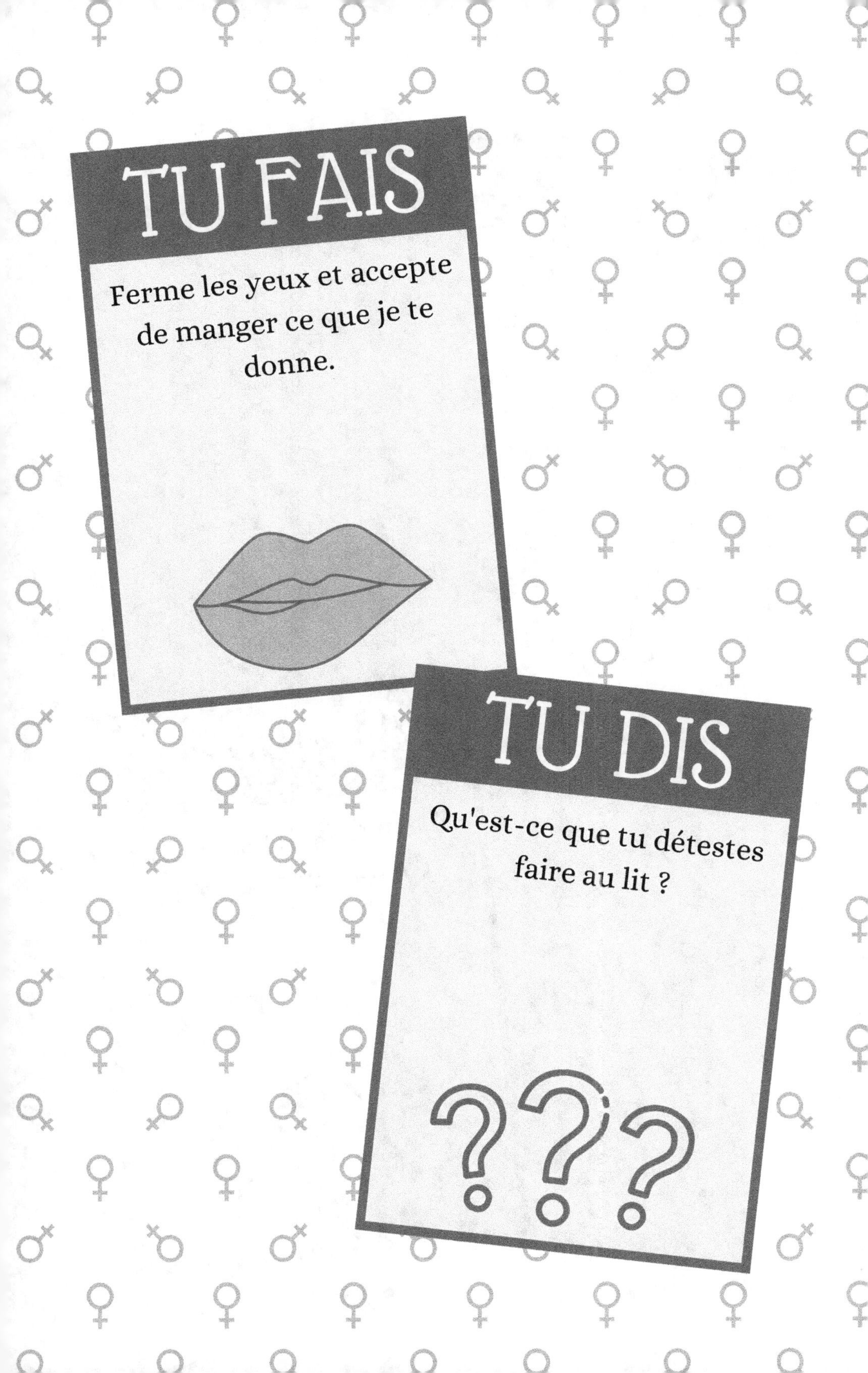

TU FAIS
Ferme les yeux et accepte de manger ce que je te donne.
TU DIS
Qu'est-ce que tu détestes faire au lit ?

TU FAIS
Laisse-moi te faire un suçon dans le cou.
TU DIS
As-tu déjà fait semblant d'avoir un orgasme ?

TU FAIS
Suce-moi un doigt et fais comme si tu me faisais une fellation.
TU DIS
As-tu déjà regretté un coup d'un soir en te réveillant à ses côtés ?

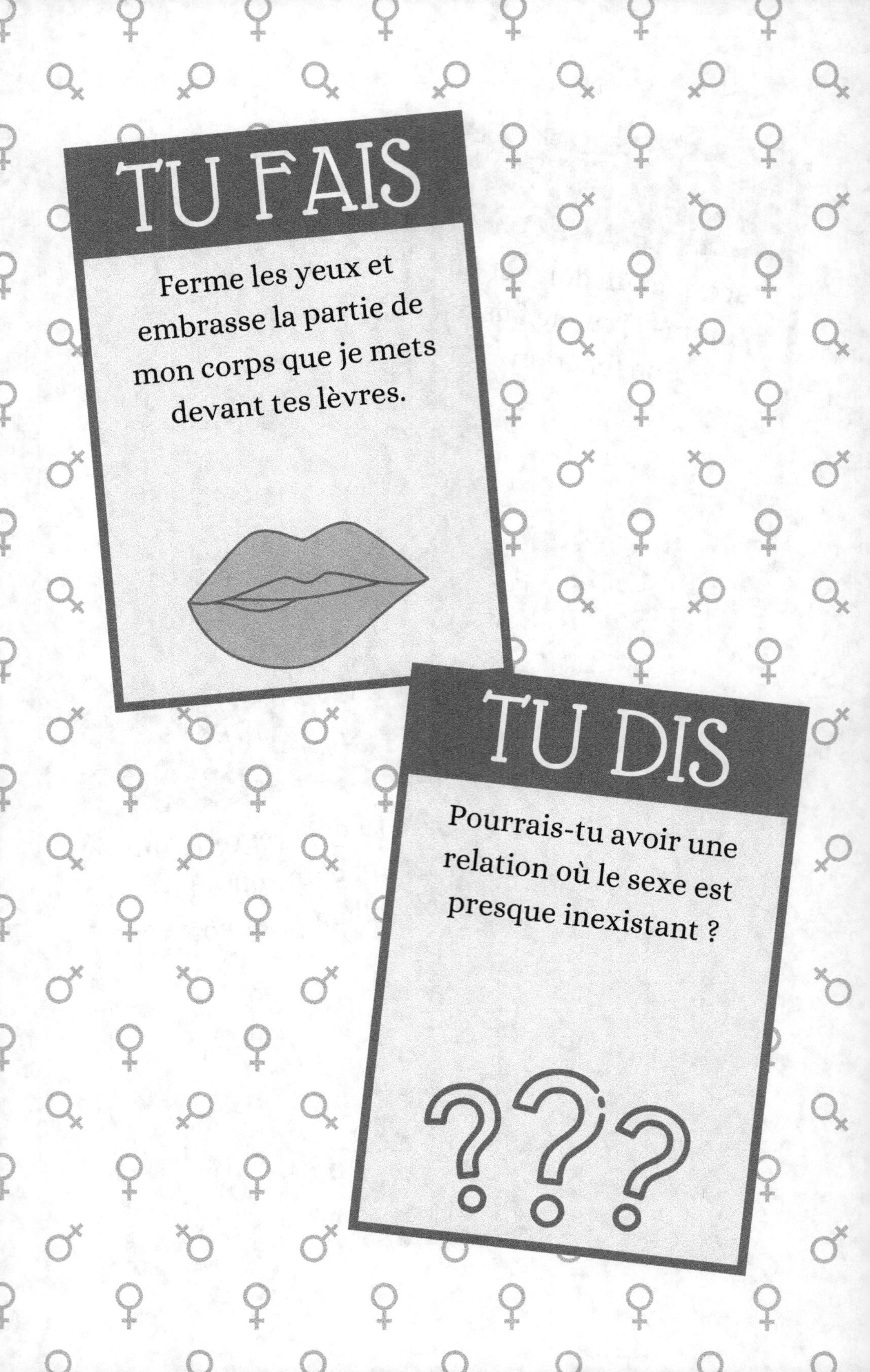

TU FAIS
Ferme les yeux et embrasse la partie de mon corps que je mets devant tes lèvres.
TU DIS
Pourrais-tu avoir une relation où le sexe est presque inexistant ?

TU FAIS
Lèche du chocolat (ou autre) sur mon avant-bras.
TU DIS
Combien de temps devrait durer le sexe pour que ce soit parfait ?

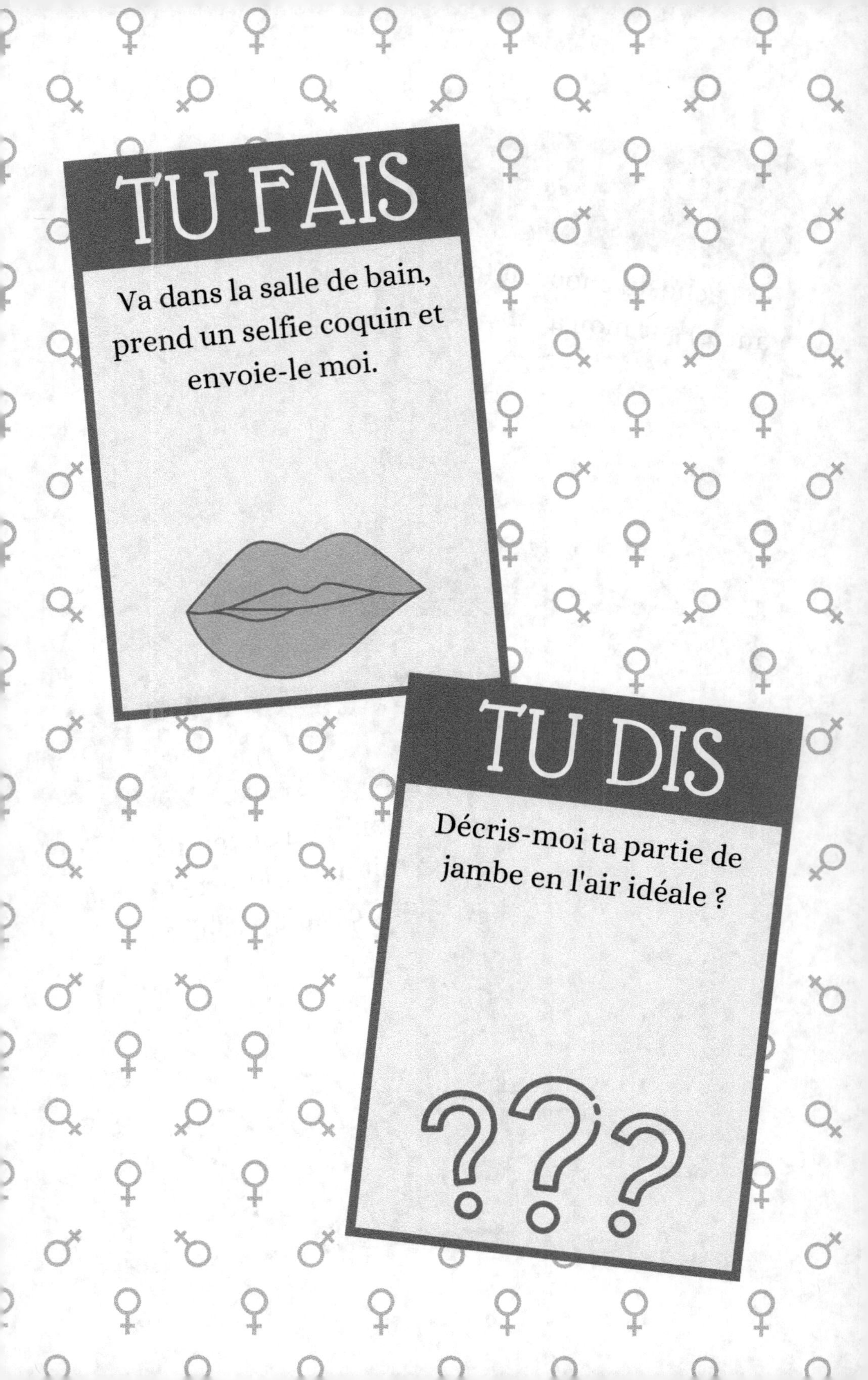
TU FAIS
Va dans la salle de bain, prend un selfie coquin et envoie-le moi.
TU DIS
Décris-moi ta partie de jambe en l'air idéale ?

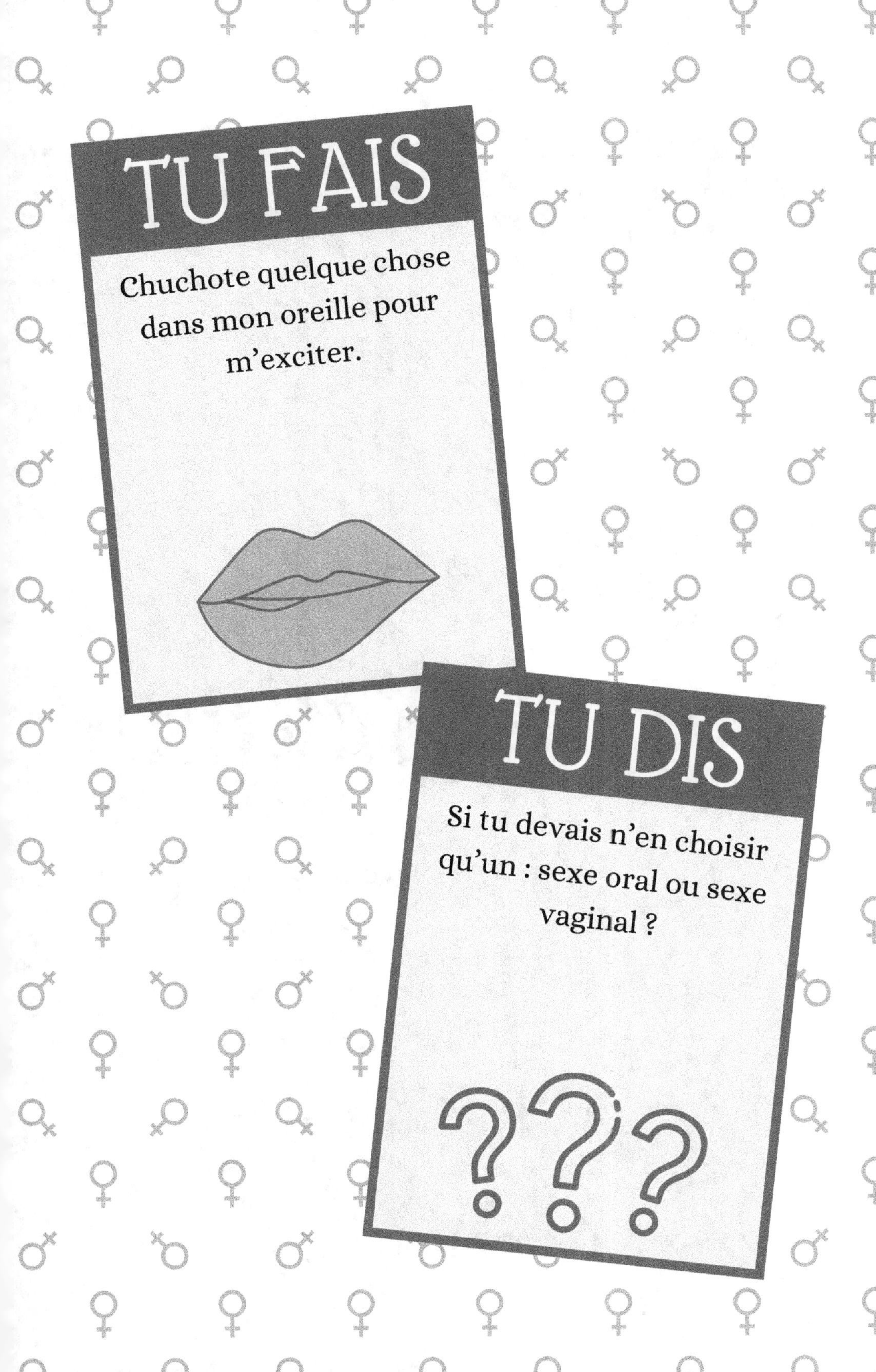

TU FAIS
Chuchote quelque chose dans mon oreille pour m'exciter.
TU DIS
Si tu devais n'en choisir qu'un : sexe oral ou sexe vaginal ?

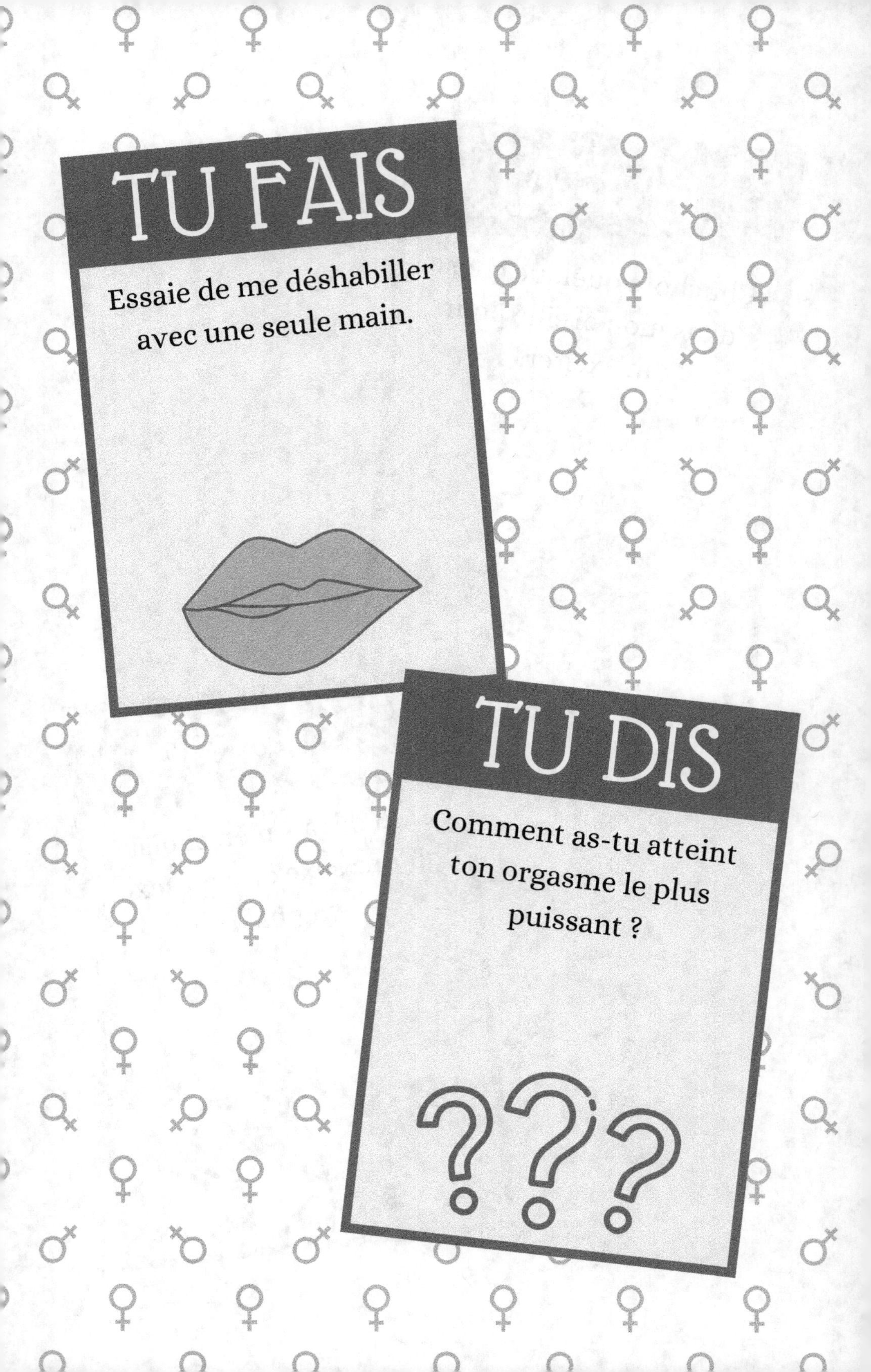

TU FAIS
Essaie de me déshabiller avec une seule main.
TU DIS
Comment as-tu atteint ton orgasme le plus puissant ?

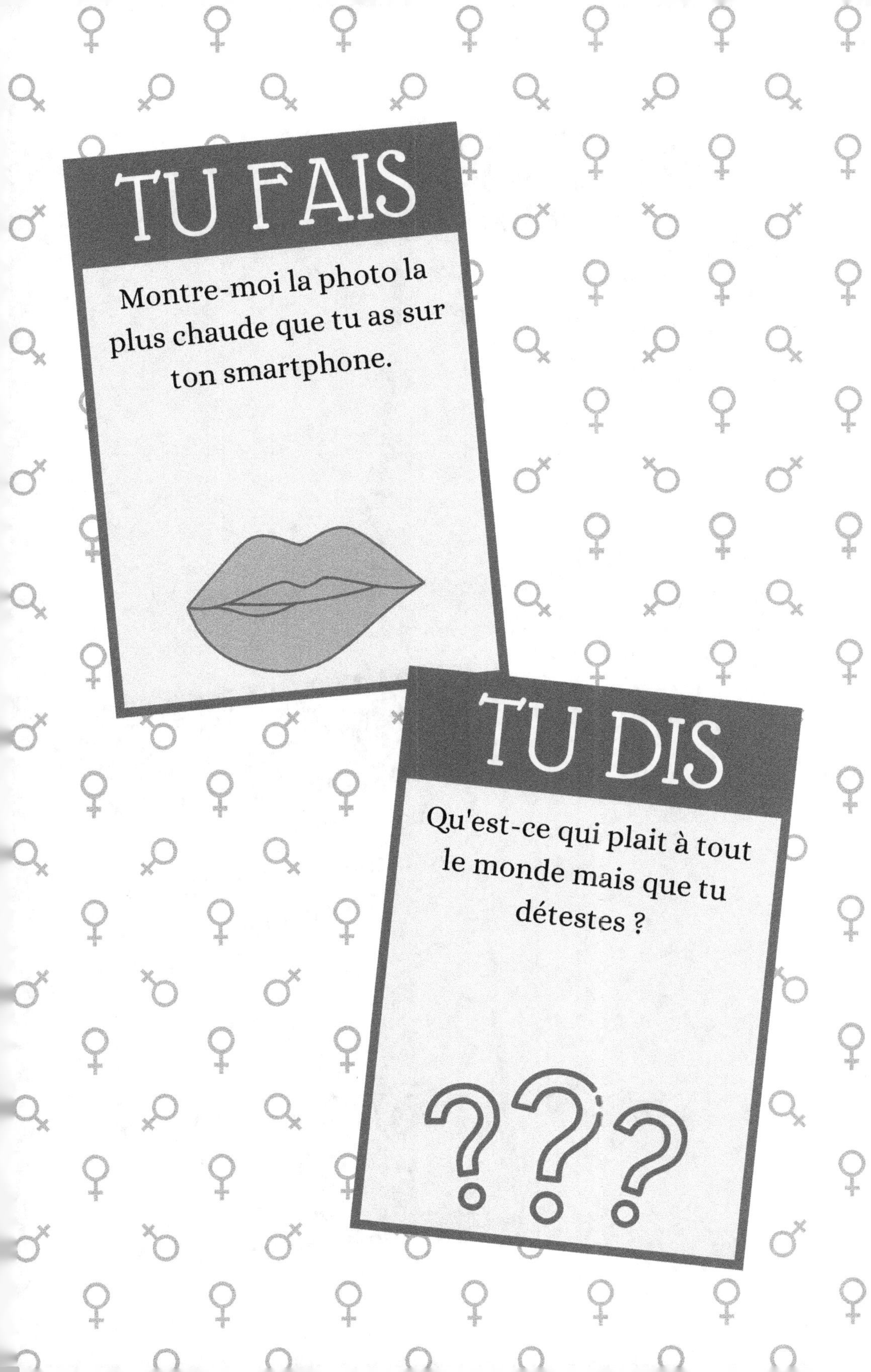
TU FAIS
Montre-moi la photo la plus chaude que tu as sur ton smartphone.
TU DIS
Qu'est-ce qui plait à tout le monde mais que tu détestes ?

TU FAIS
Va sur internet et achète un sex-toy que tu penses que je vais aimer.
TU DIS
As-tu une arme secrète pour me faire jouir à tous les coups ?

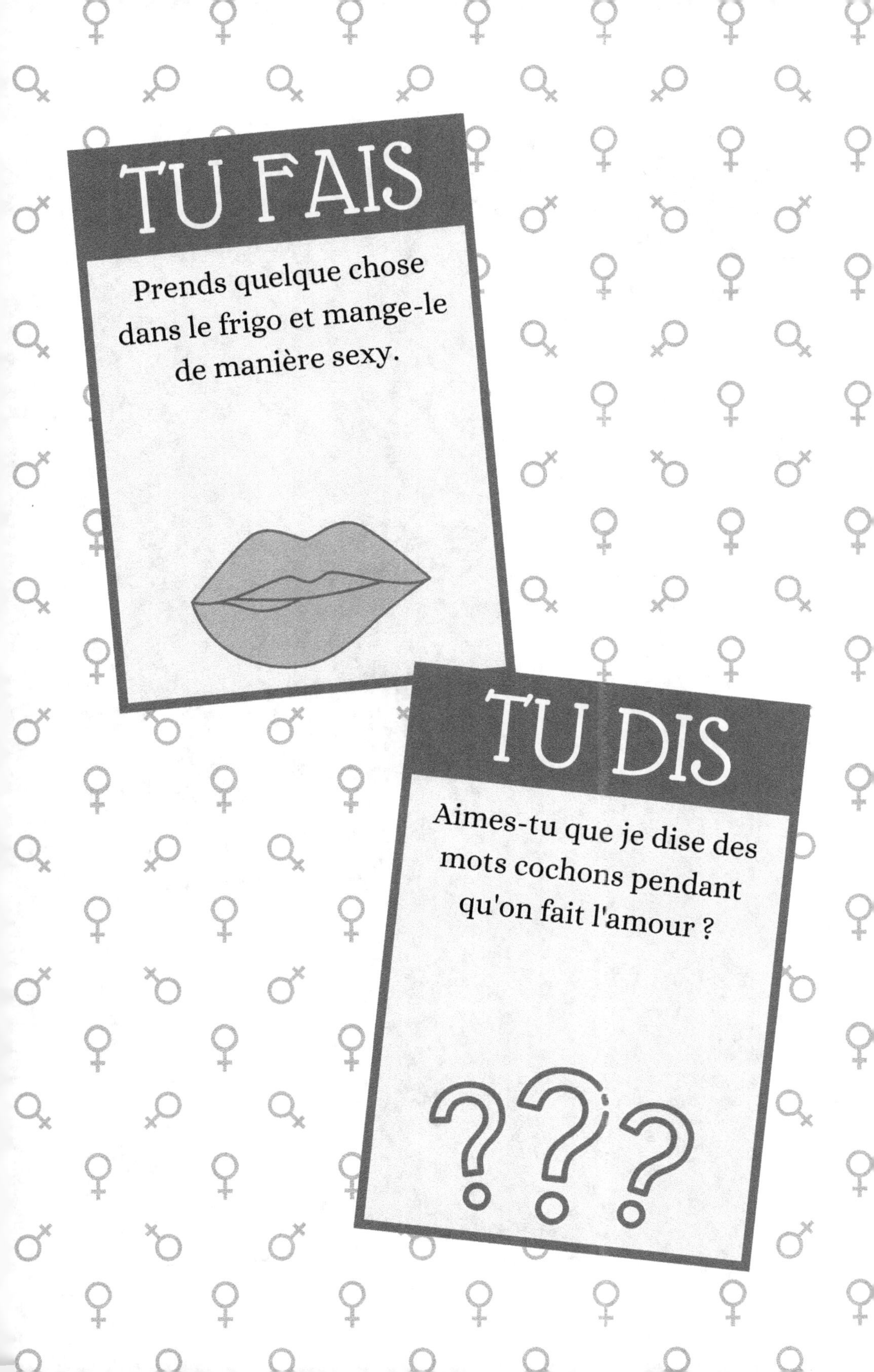

TU FAIS
Prends quelque chose dans le frigo et mange-le de manière sexy.
TU DIS
Aimes-tu que je dise des mots cochons pendant qu'on fait l'amour ?

TU FAIS
Donne-moi une fessée.
TU DIS
Quels mots sont trop vulgaires pour toi ?

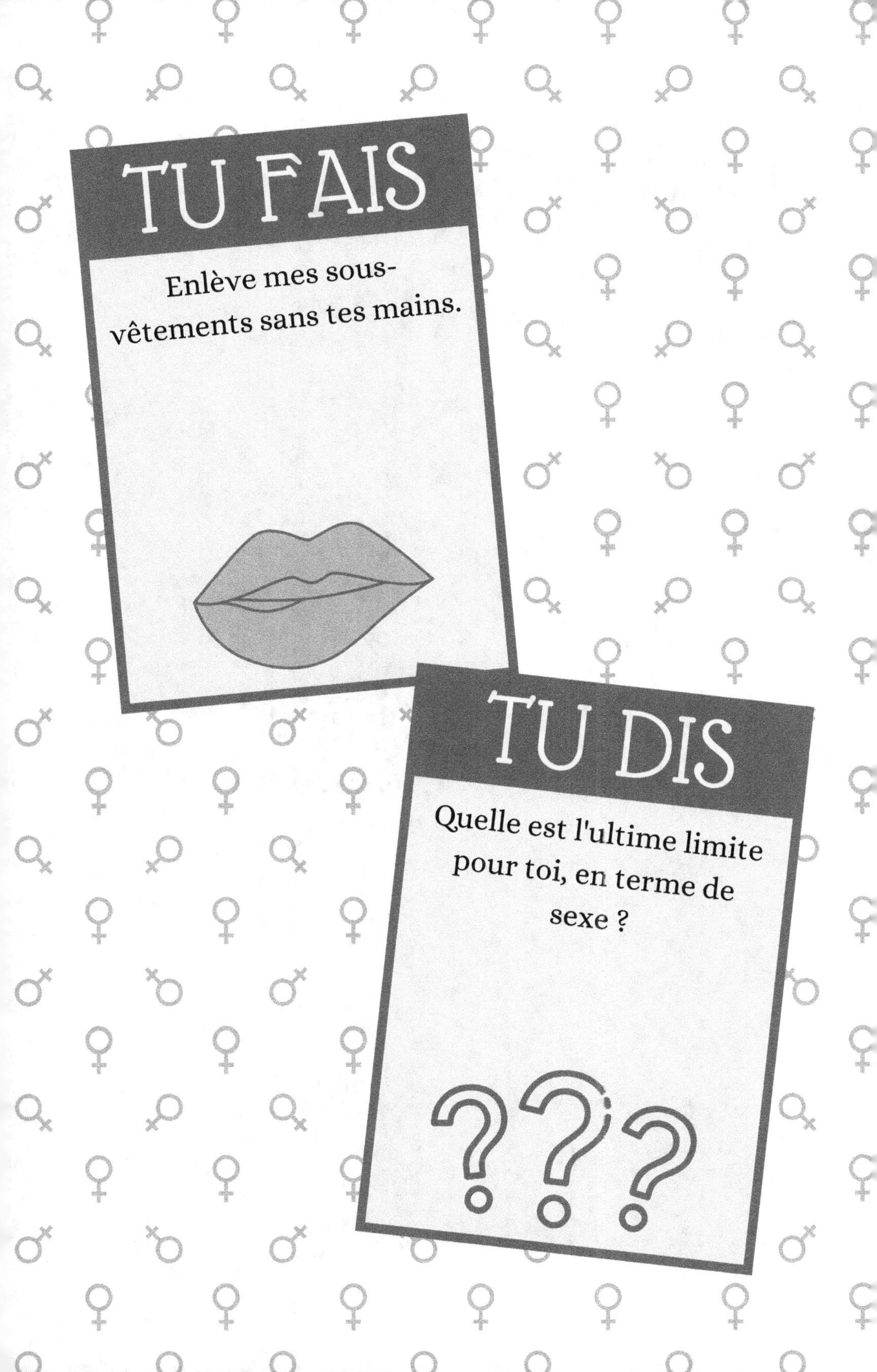
TU FAIS
Enlève mes sous-vêtements sans tes mains.
TU DIS
Quelle est l'ultime limite pour toi, en terme de sexe ?

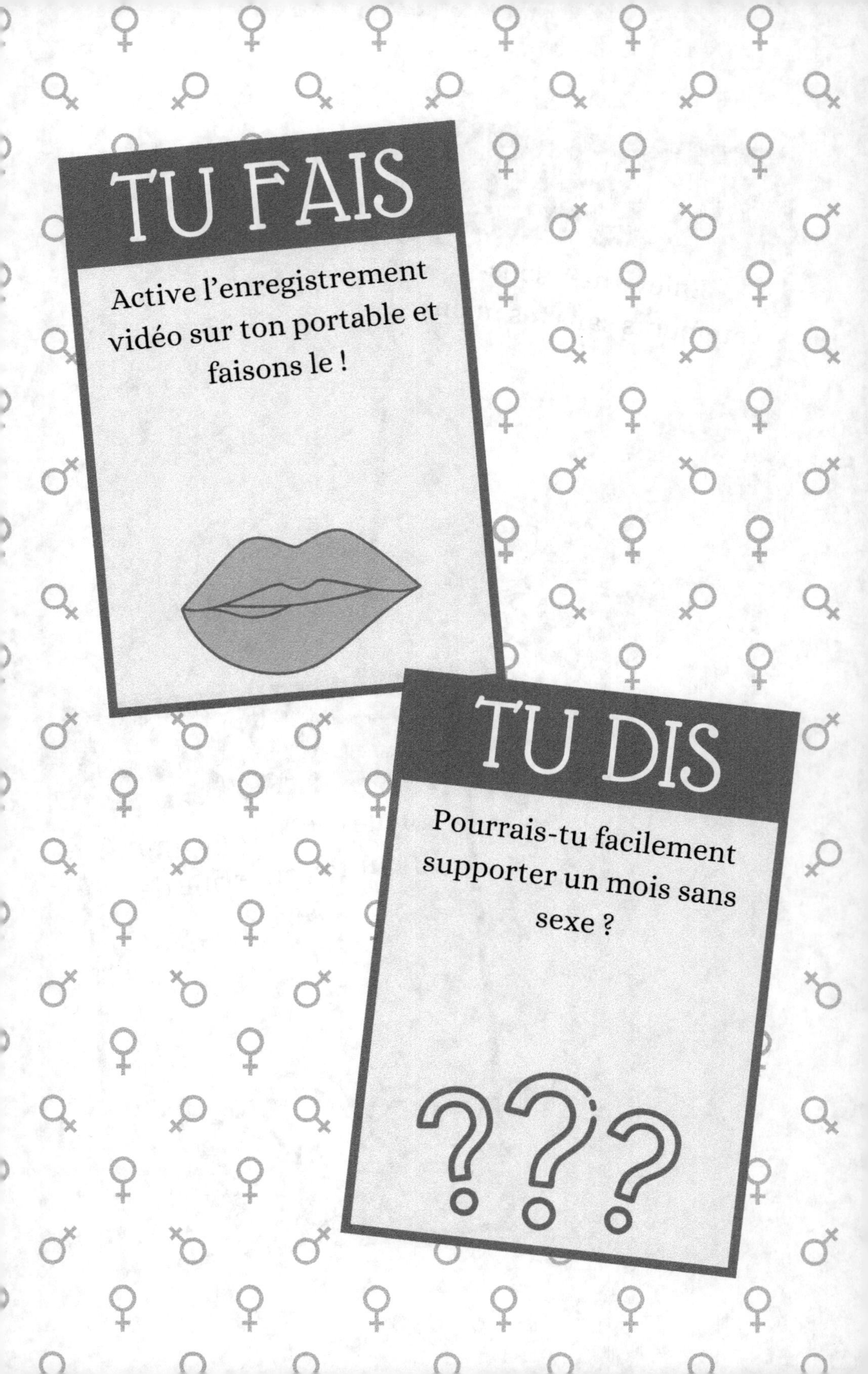

TU FAIS
Active l'enregistrement vidéo sur ton portable et faisons le !
TU DIS
Pourrais-tu facilement supporter un mois sans sexe ?

TU FAIS
Mets de la chantilly sur ma poitrine et utilise ta langue pour l'enlever.
TU DIS
As-tu déjà fait ou aimerais-tu faire un plan à trois ?

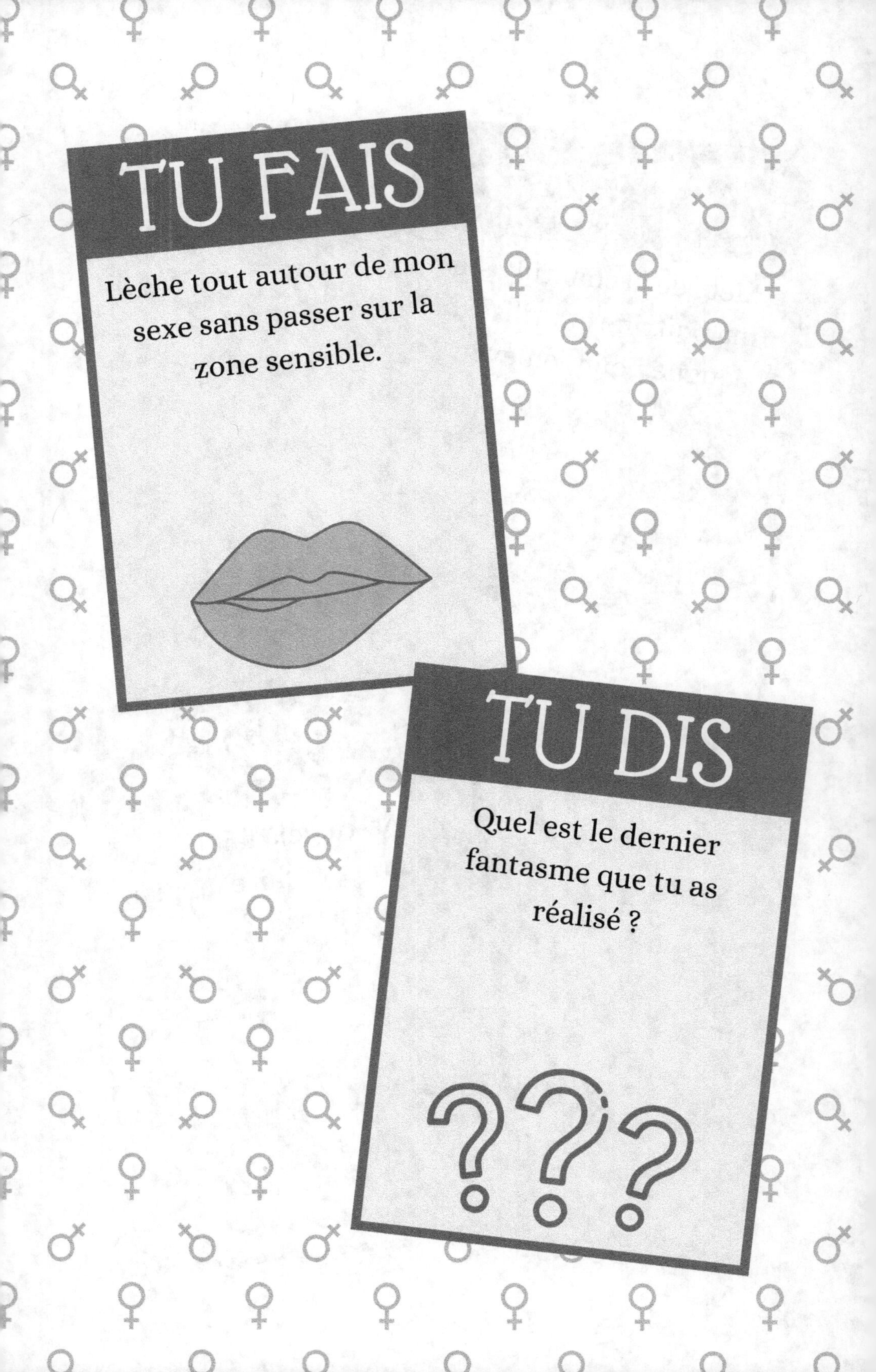
TU FAIS
Lèche tout autour de mon sexe sans passer sur la zone sensible.
TU DIS
Quel est le dernier fantasme que tu as réalisé ?

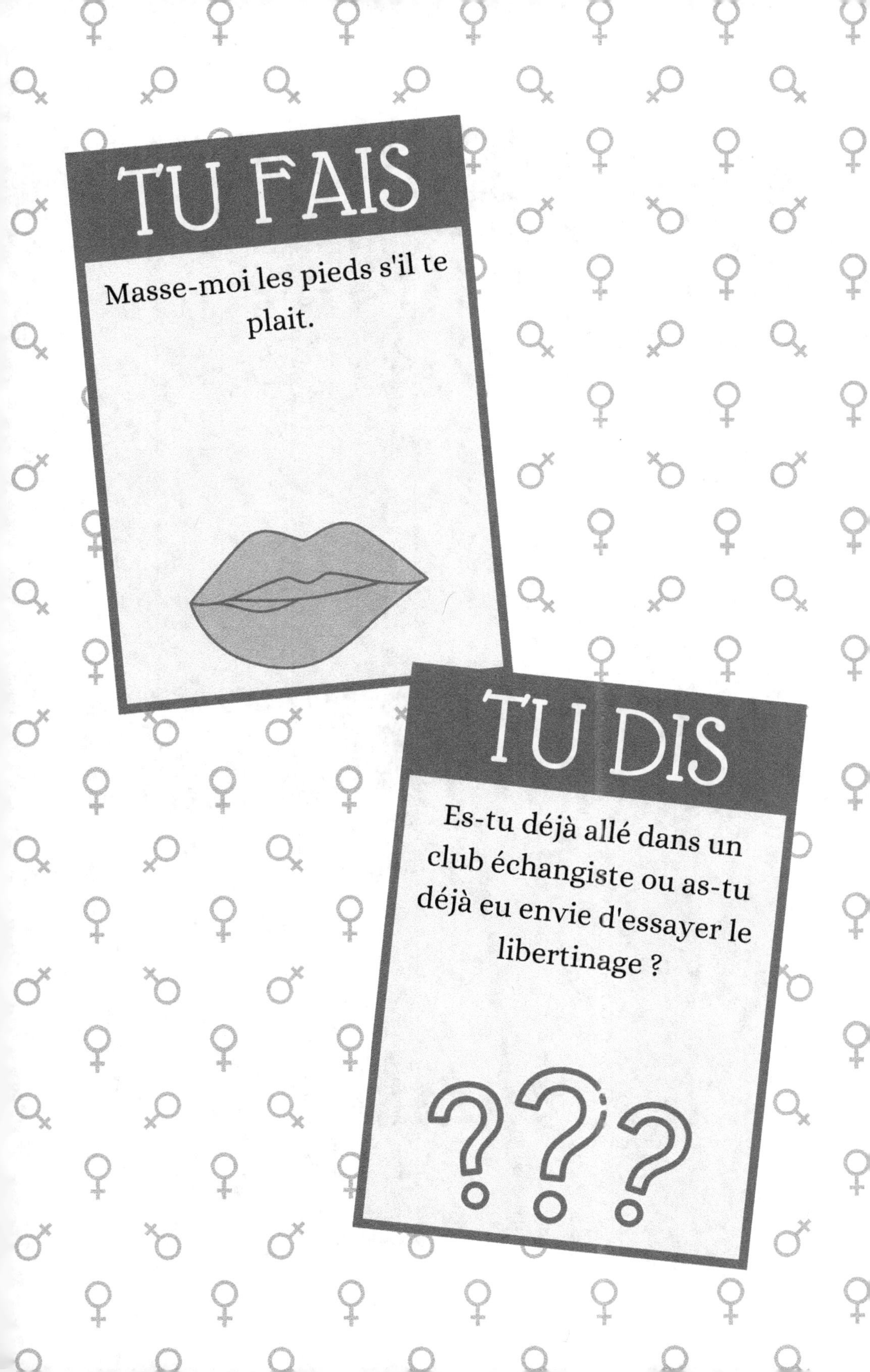

TU FAIS
Masse-moi les pieds s'il te plait.
TU DIS
Es-tu déjà allé dans un club échangiste ou as-tu déjà eu envie d'essayer le libertinage ?

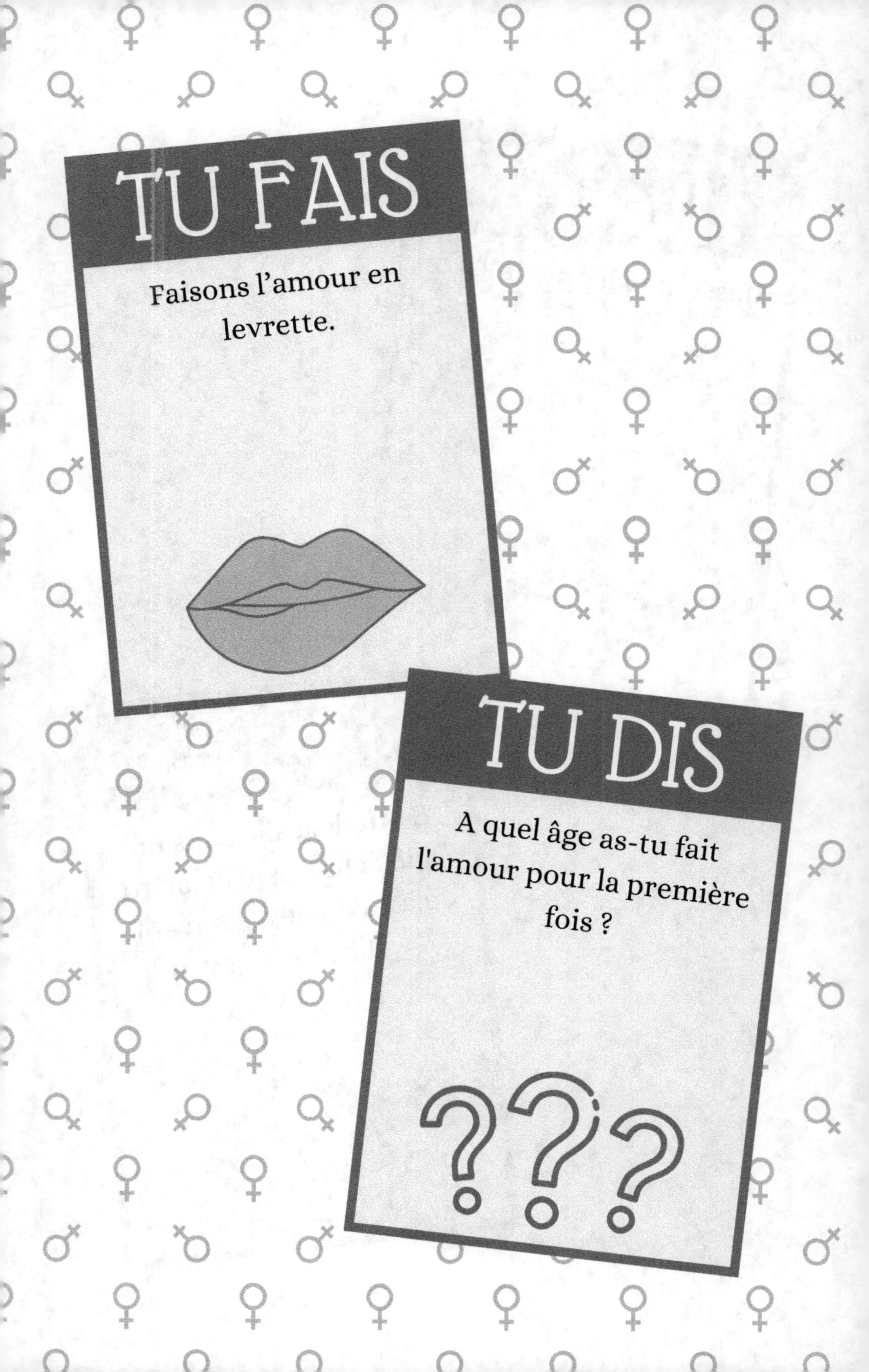

TU FAIS
Faisons l'amour en levrette.
TU DIS
A quel âge as-tu fait l'amour pour la première fois ?

TU FAIS
Fais tout ce que je t'ordonne pendant 5 minutes.
TU DIS
Quels sont tes préliminaires préférés ?

TU FAIS
Mordille-moi les fesses.
TU DIS
As-tu déjà pris un râteau ?

TU FAIS
Prends une photo érotique de moi.
TU DIS
Dans quel endroit que tu n'as pas encore essayé aimerais-tu faire l'amour ?

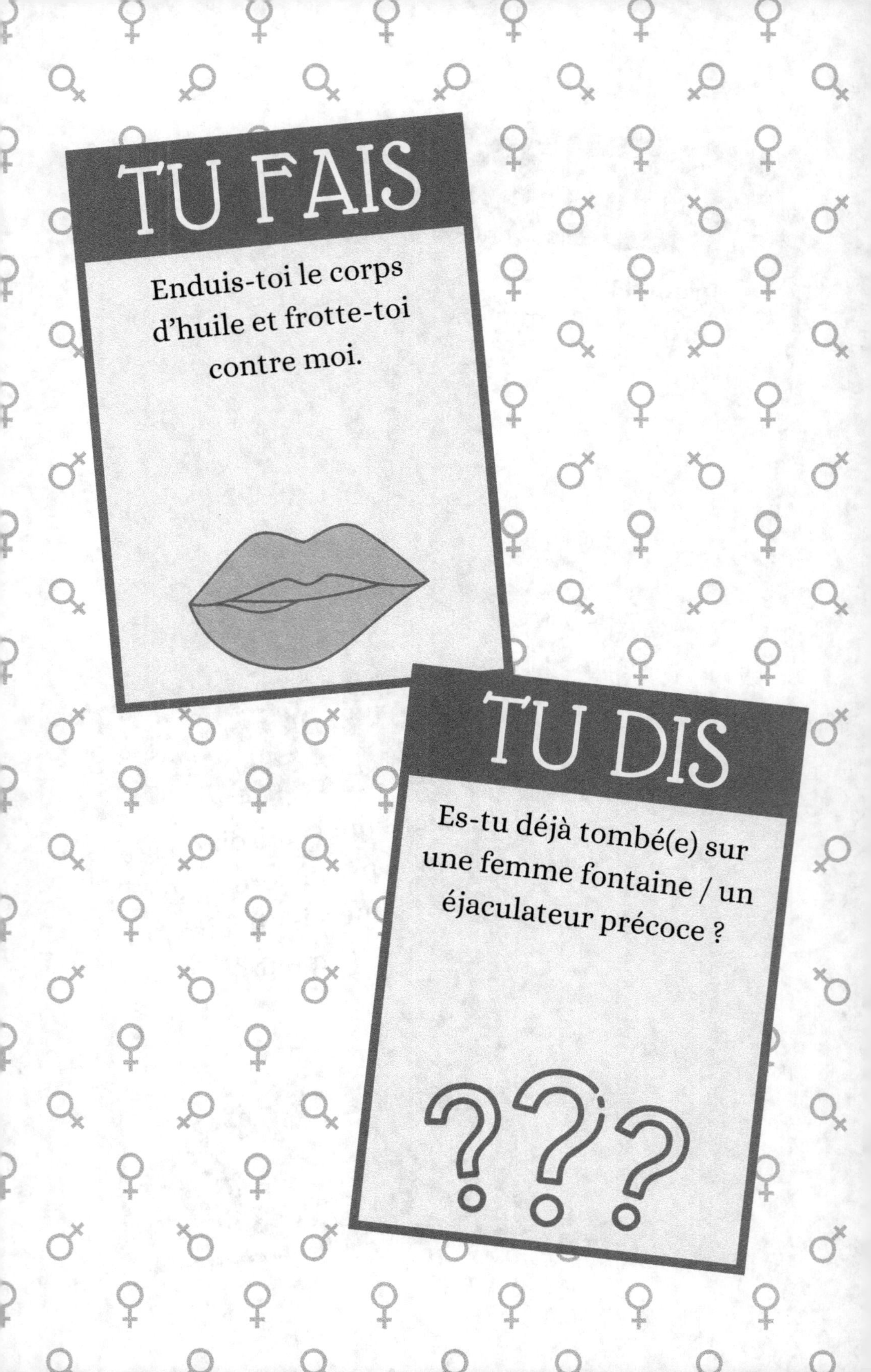

TU FAIS
Enduis-toi le corps d'huile et frotte-toi contre moi.
TU DIS
Es-tu déjà tombé(e) sur une femme fontaine / un éjaculateur précoce ?

TU FAIS
Téléphone à un(e) ami(e) pendant que je te fais une gâterie.
TU DIS
On te propose 5000€ pour tourner à visage flouté dans une vidéo X, tu acceptes ?

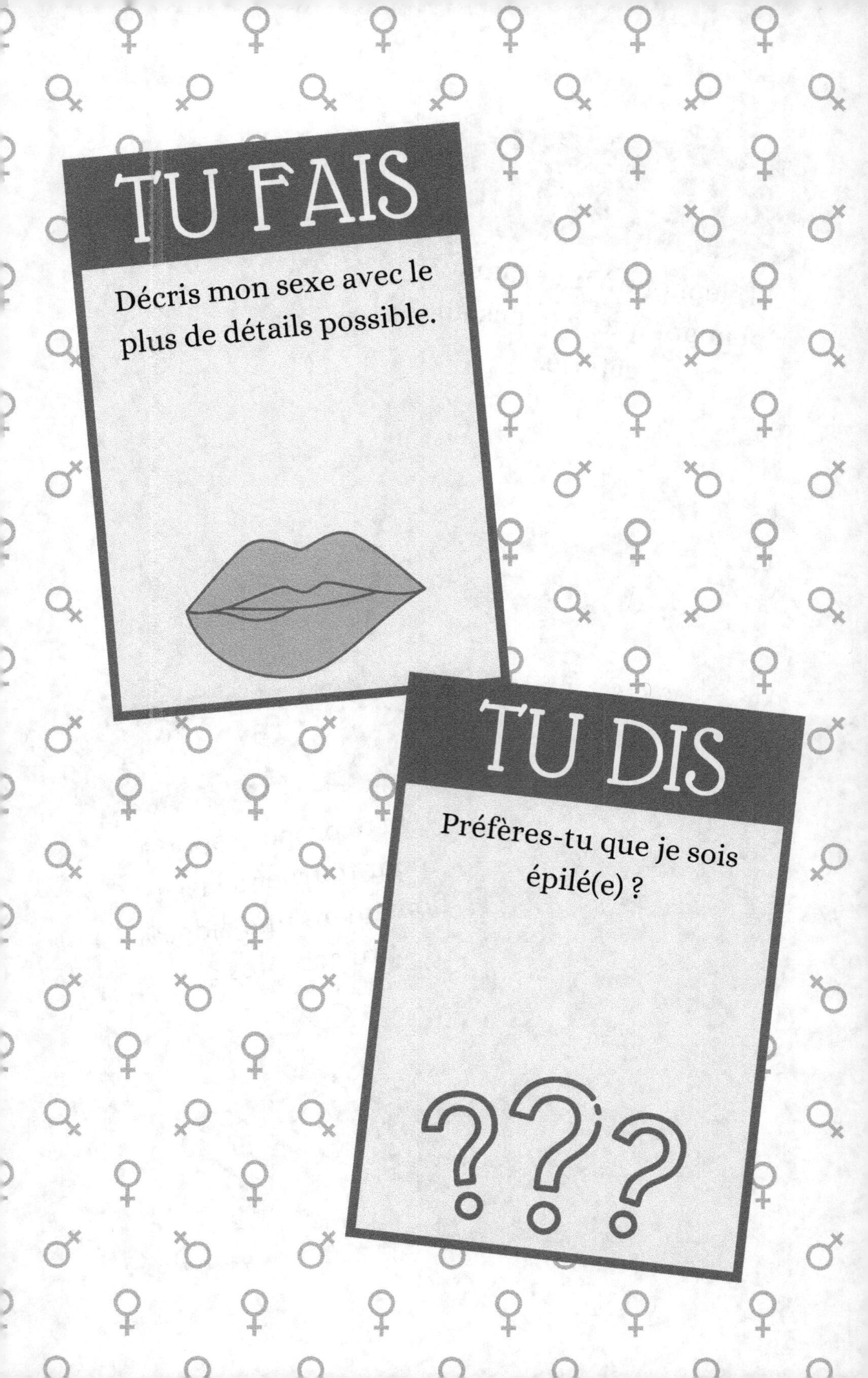

TU FAIS
Décris mon sexe avec le plus de détails possible.
TU DIS
Préfères-tu que je sois épilé(e) ?

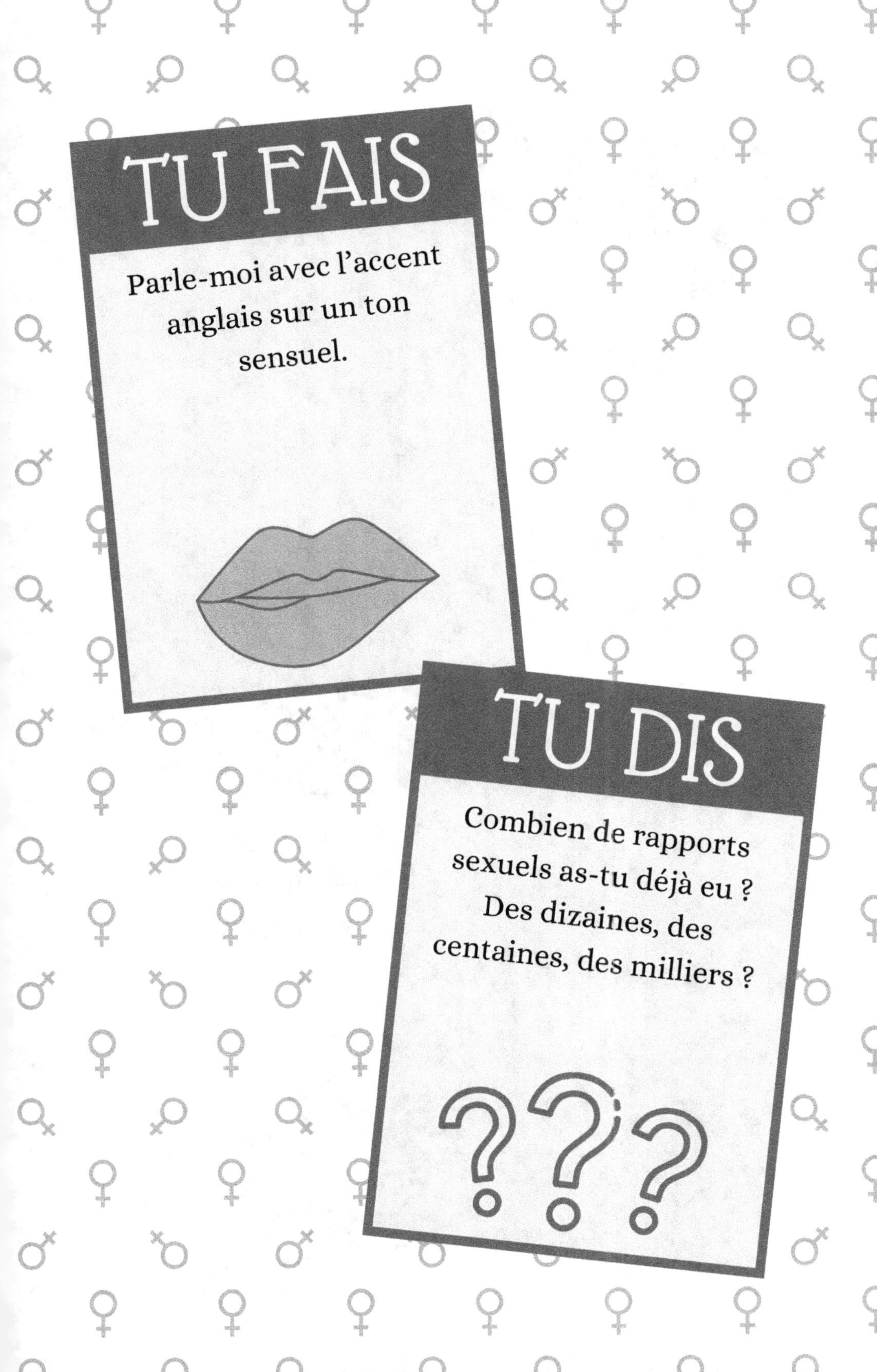

TU FAIS
Parle-moi avec l'accent anglais sur un ton sensuel.
TU DIS
Combien de rapports sexuels as-tu déjà eu ? Des dizaines, des centaines, des milliers ?

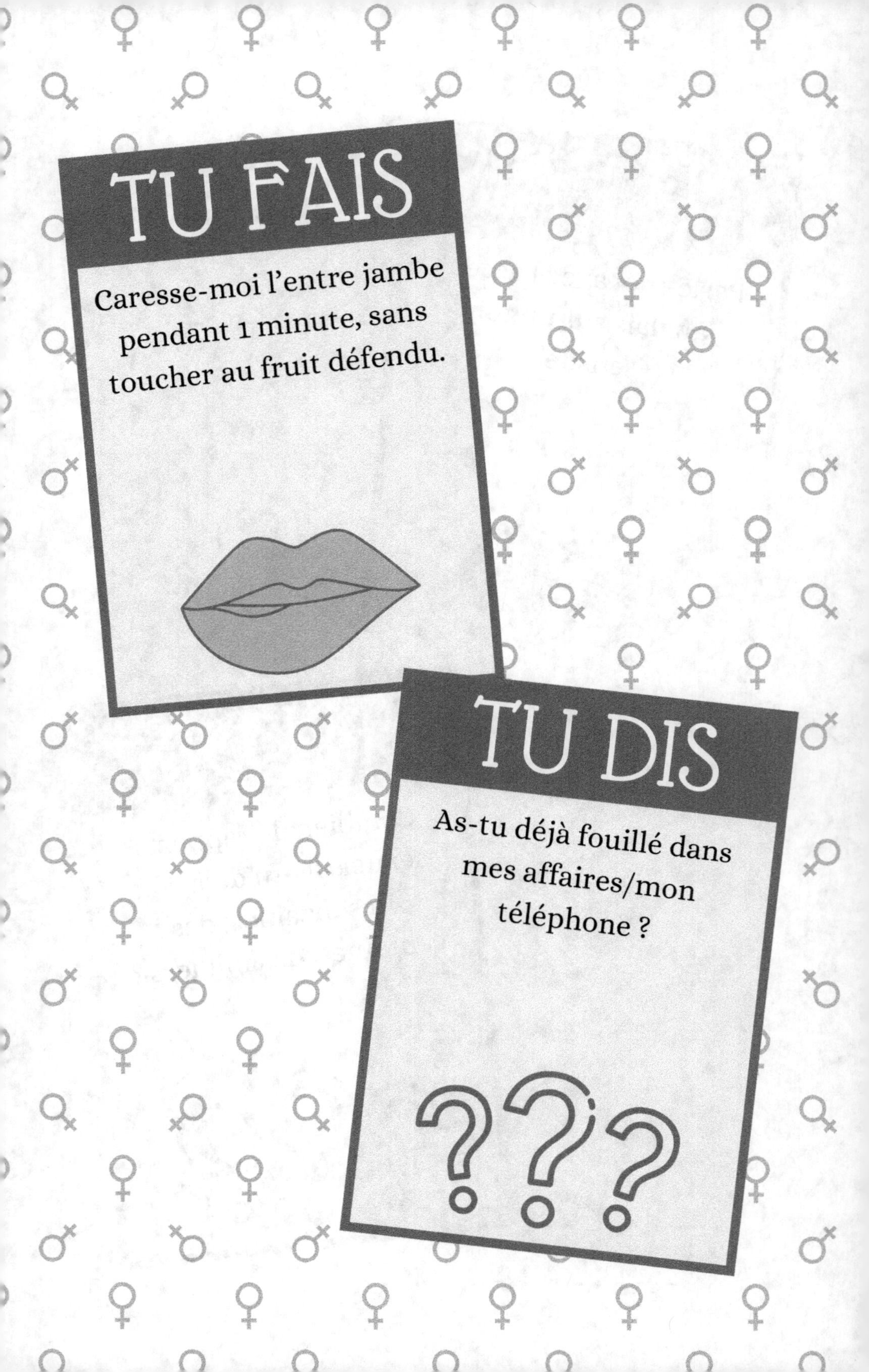
TU FAIS
Caresse-moi l'entre jambe pendant 1 minute, sans toucher au fruit défendu.
TU DIS
As-tu déjà fouillé dans mes affaires/mon téléphone ?

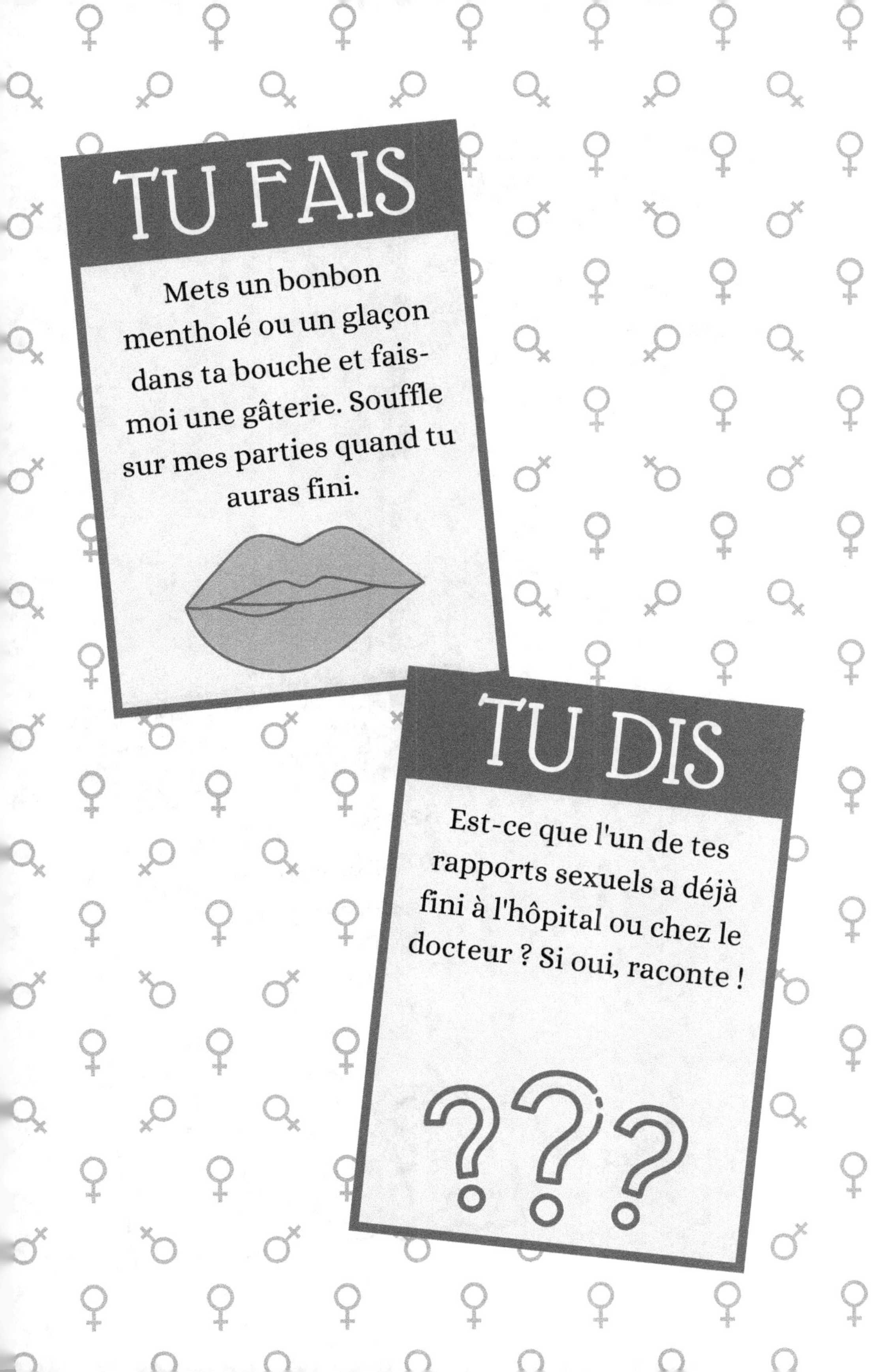

TU FAIS
Mets un bonbon mentholé ou un glaçon dans ta bouche et fais-moi une gâterie. Souffle sur mes parties quand tu auras fini.
TU DIS
Est-ce que l'un de tes rapports sexuels a déjà fini à l'hôpital ou chez le docteur ? Si oui, raconte !

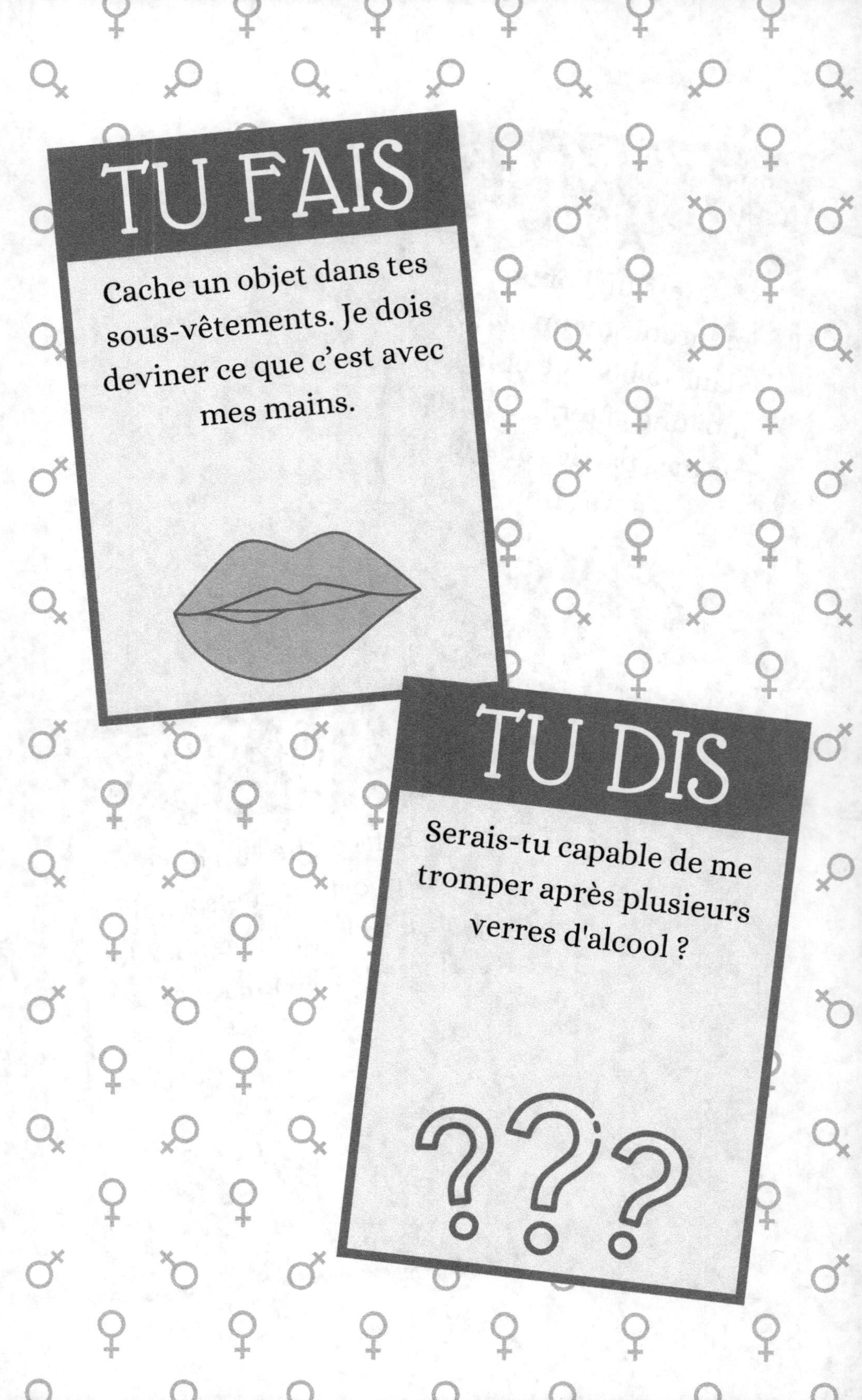

TU FAIS

Cache un objet dans tes sous-vêtements. Je dois deviner ce que c'est avec mes mains.

TU DIS

Serais-tu capable de me tromper après plusieurs verres d'alcool ?

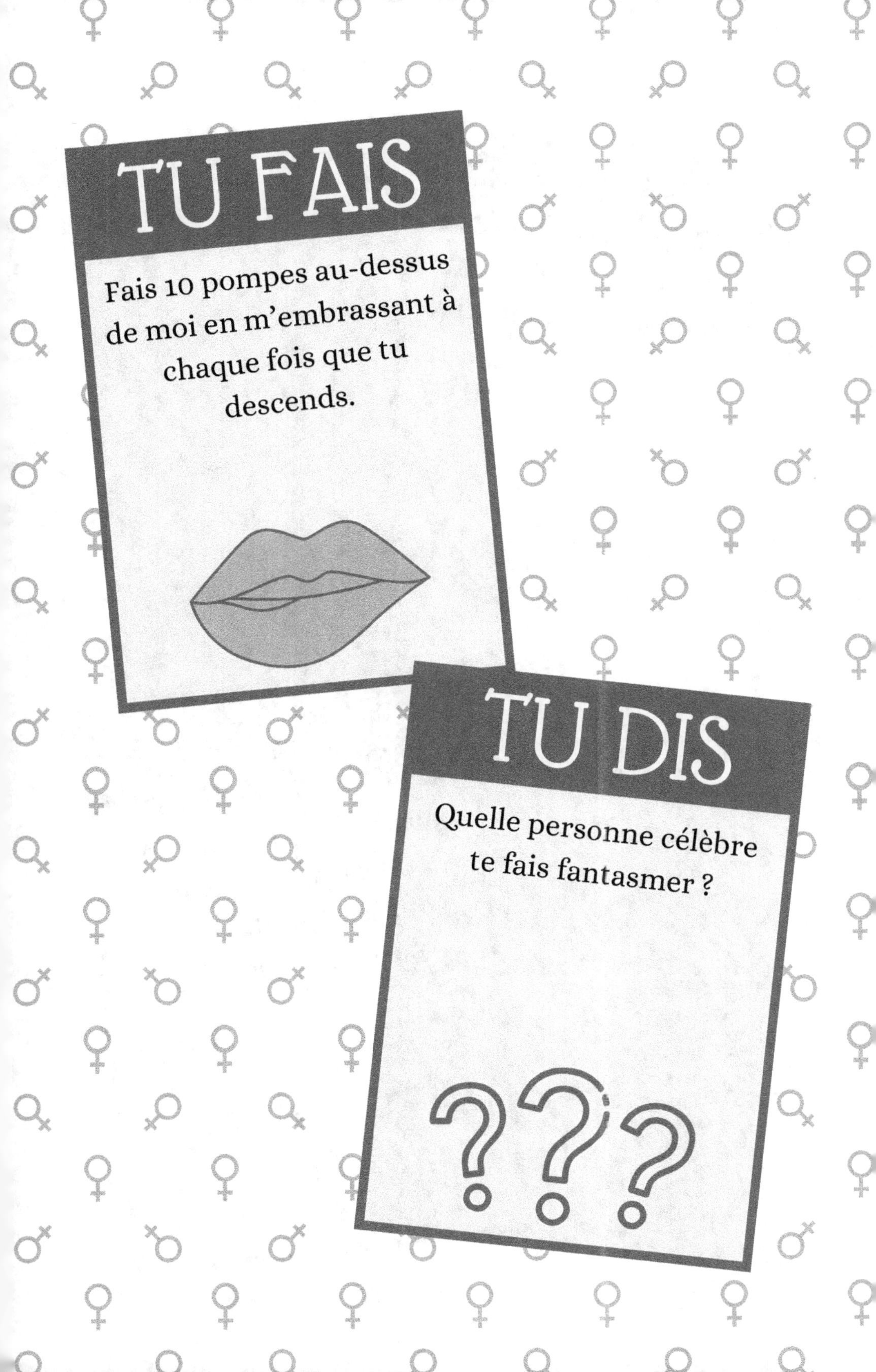

TU FAIS
Fais 10 pompes au-dessus de moi en m'embrassant à chaque fois que tu descends.
TU DIS
Quelle personne célèbre te fais fantasmer ?

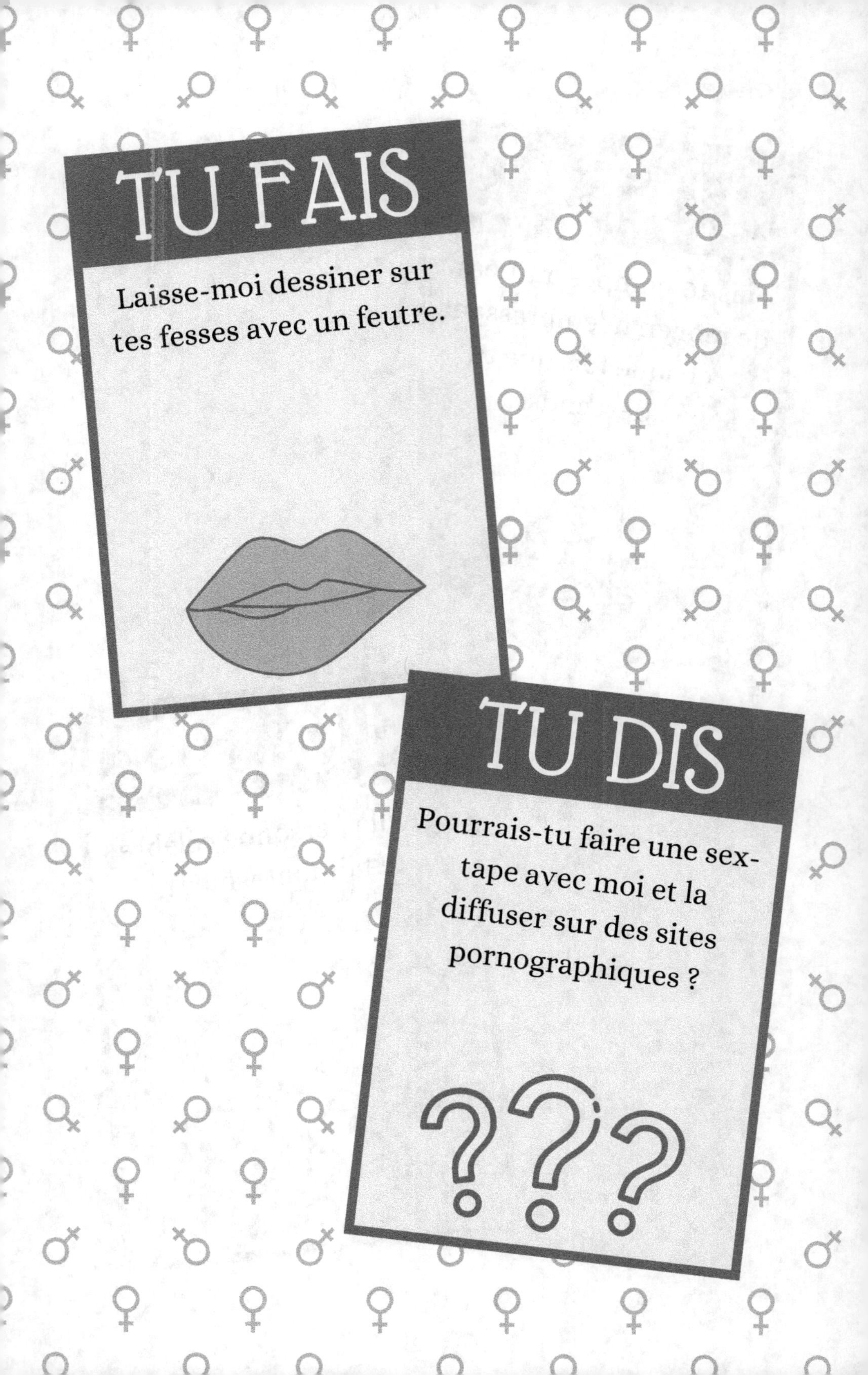

TU FAIS
Laisse-moi dessiner sur tes fesses avec un feutre.
TU DIS
Pourrais-tu faire une sex-tape avec moi et la diffuser sur des sites pornographiques ?

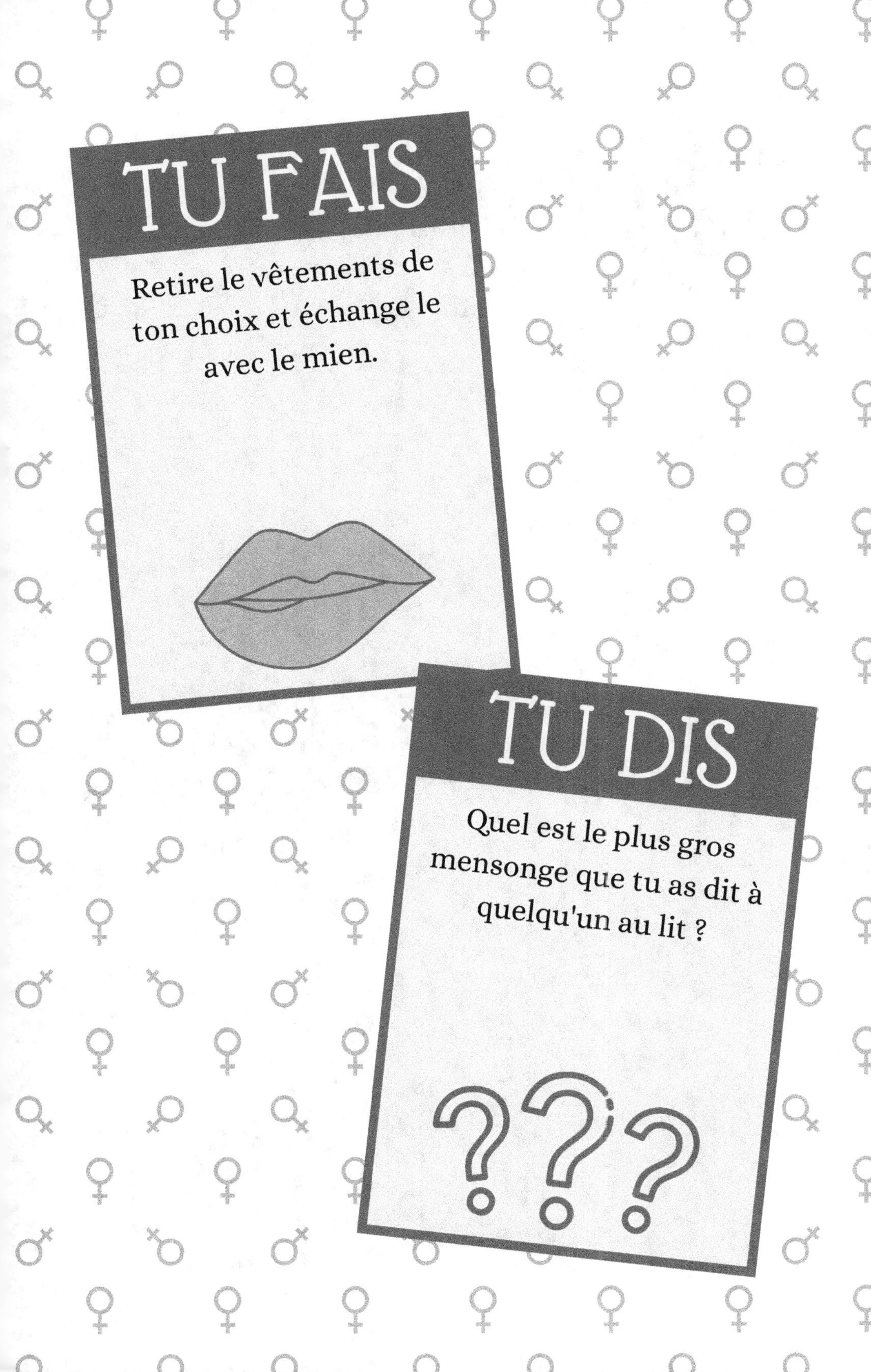

TU FAIS
Retire le vêtements de ton choix et échange le avec le mien.
TU DIS
Quel est le plus gros mensonge que tu as dit à quelqu'un au lit ?

TU FAIS
Enlève un vêtement à chaque tour jusqu'à la fin du jeu.
TU DIS
Aimerais-tu avoir des enfants avec moi ?

TU FAIS
Embrasse-moi comme si c'était la première fois.
TU DIS
Pour toi, avant combien de temps de relation tu peux envisager de vivre avec ta moitié ?

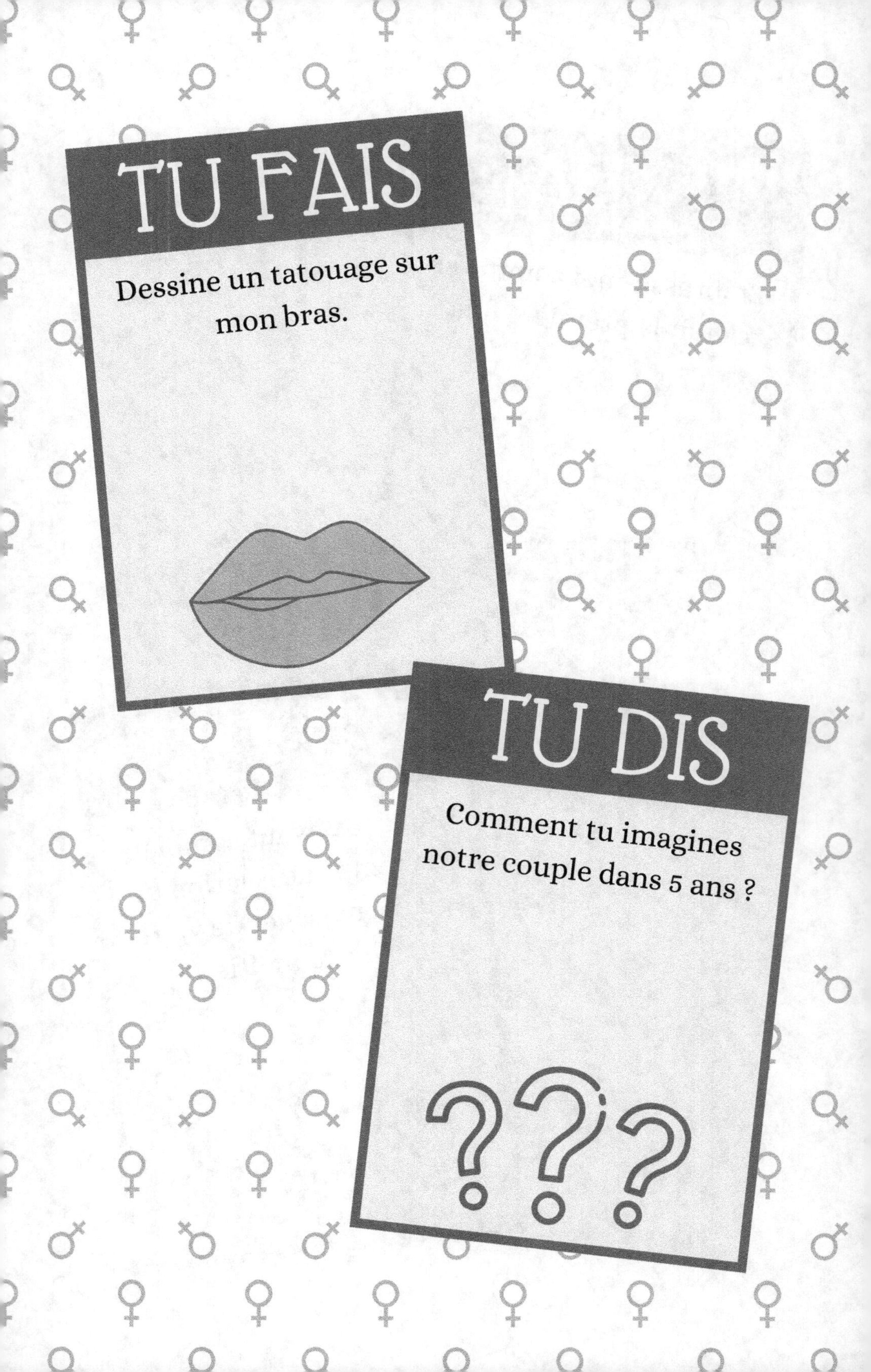

TU FAIS
Dessine un tatouage sur mon bras.
TU DIS
Comment tu imagines notre couple dans 5 ans ?

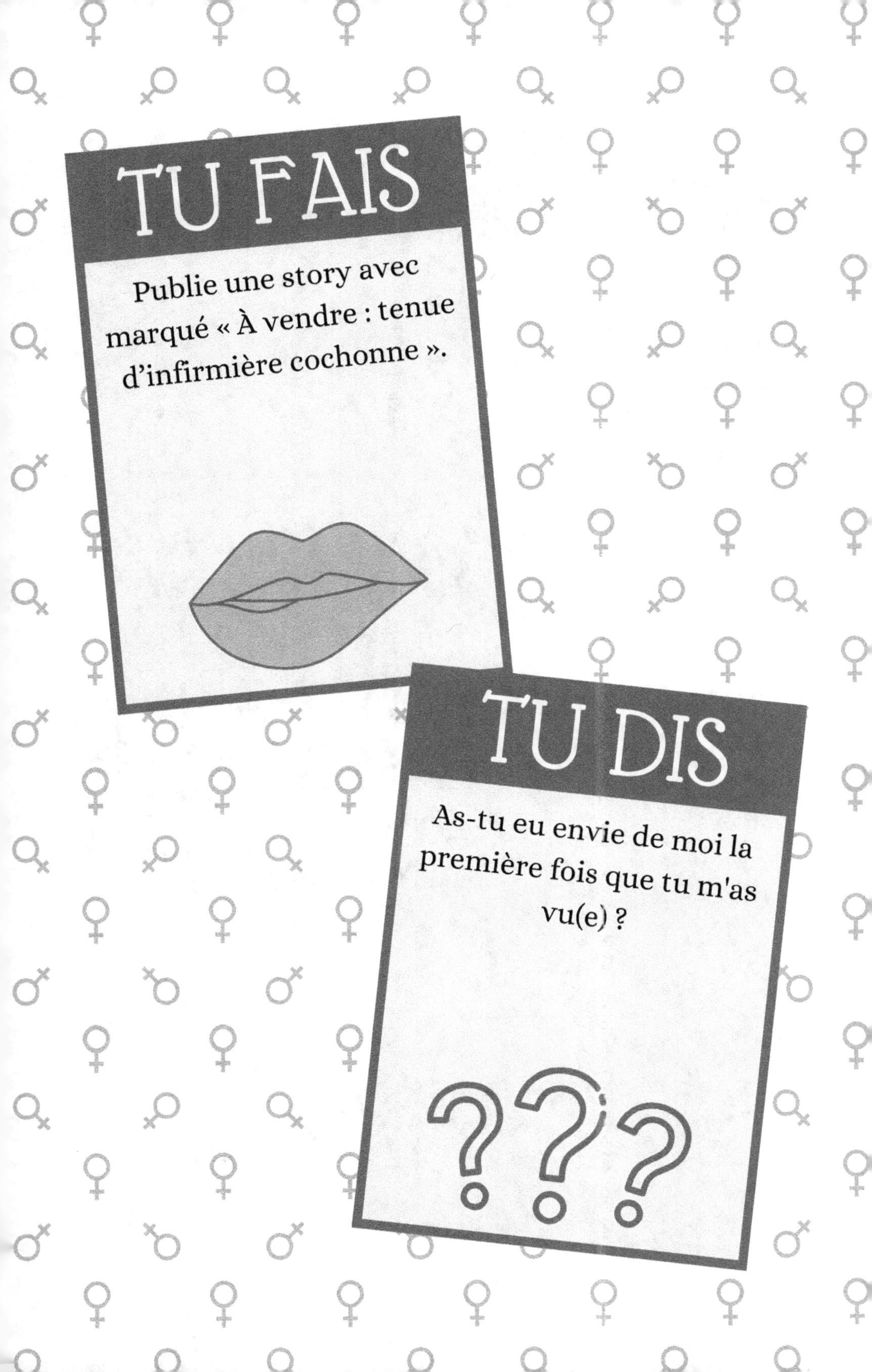

TU FAIS
Publie une story avec marqué « À vendre : tenue d'infirmière cochonne ».
TU DIS
As-tu eu envie de moi la première fois que tu m'as vu(e) ?

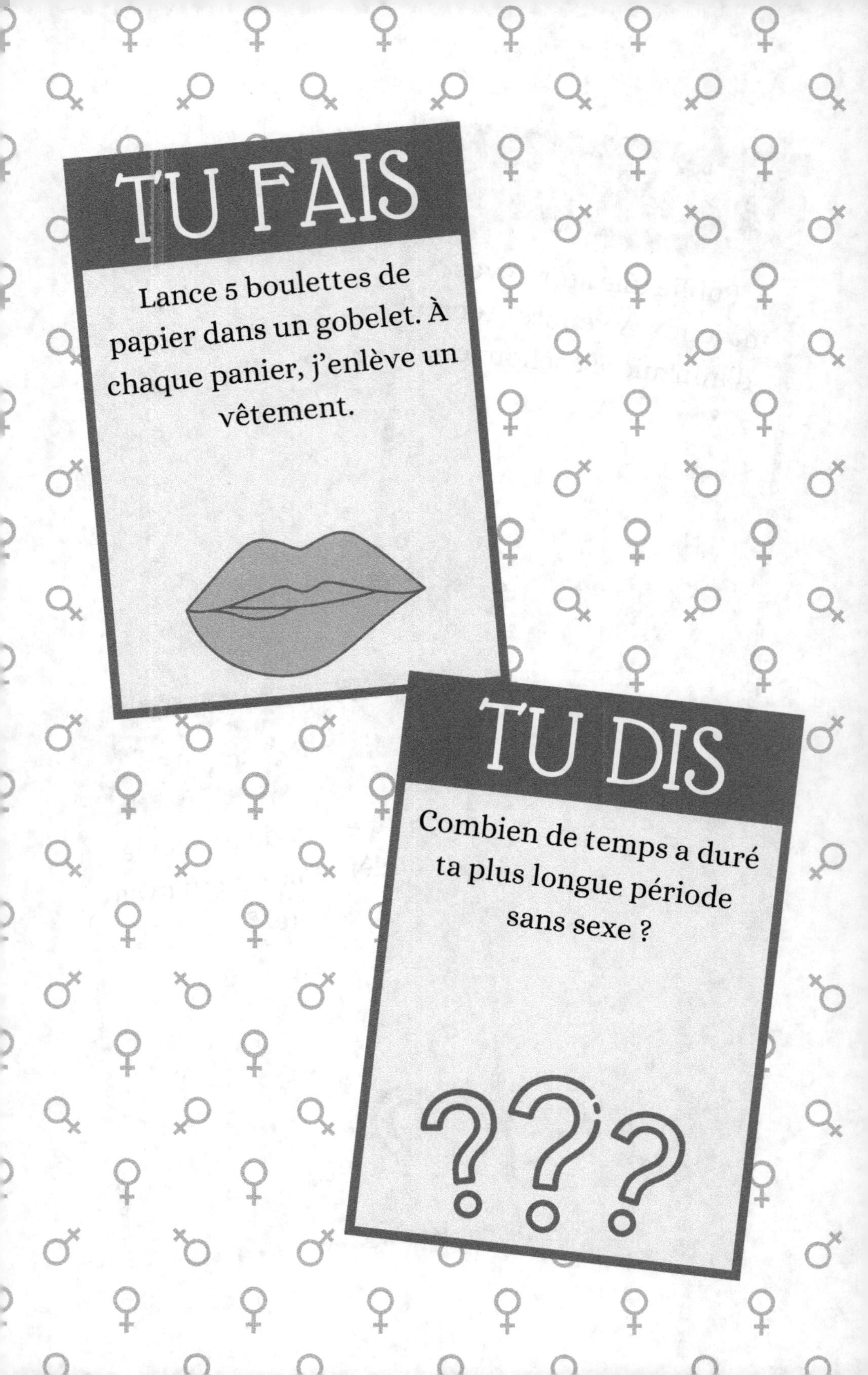
TU FAIS

Lance 5 boulettes de papier dans un gobelet. À chaque panier, j'enlève un vêtement.

TU DIS

Combien de temps a duré ta plus longue période sans sexe ?

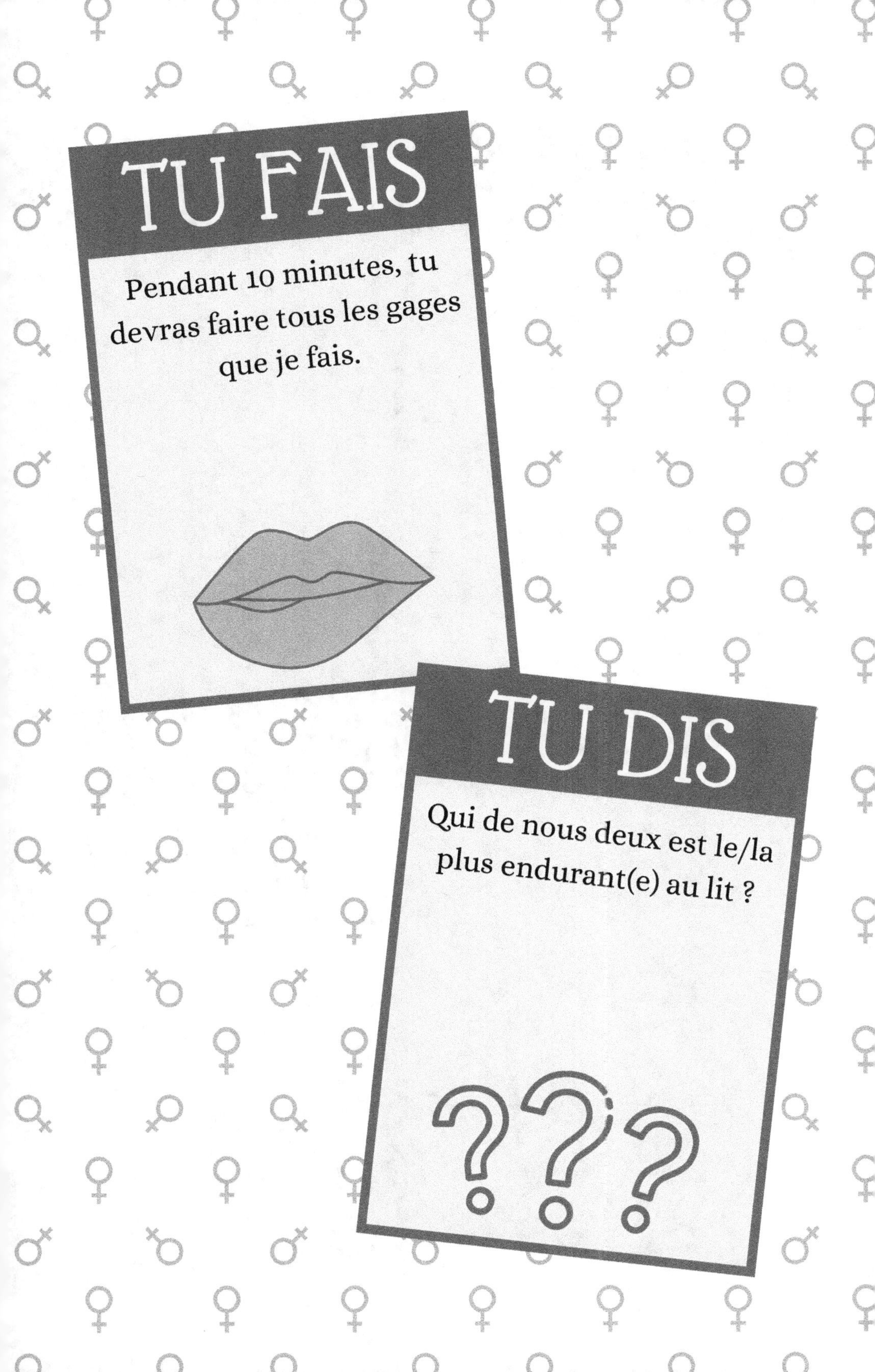
TU FAIS
Pendant 10 minutes, tu devras faire tous les gages que je fais.
TU DIS
Qui de nous deux est le/la plus endurant(e) au lit ?

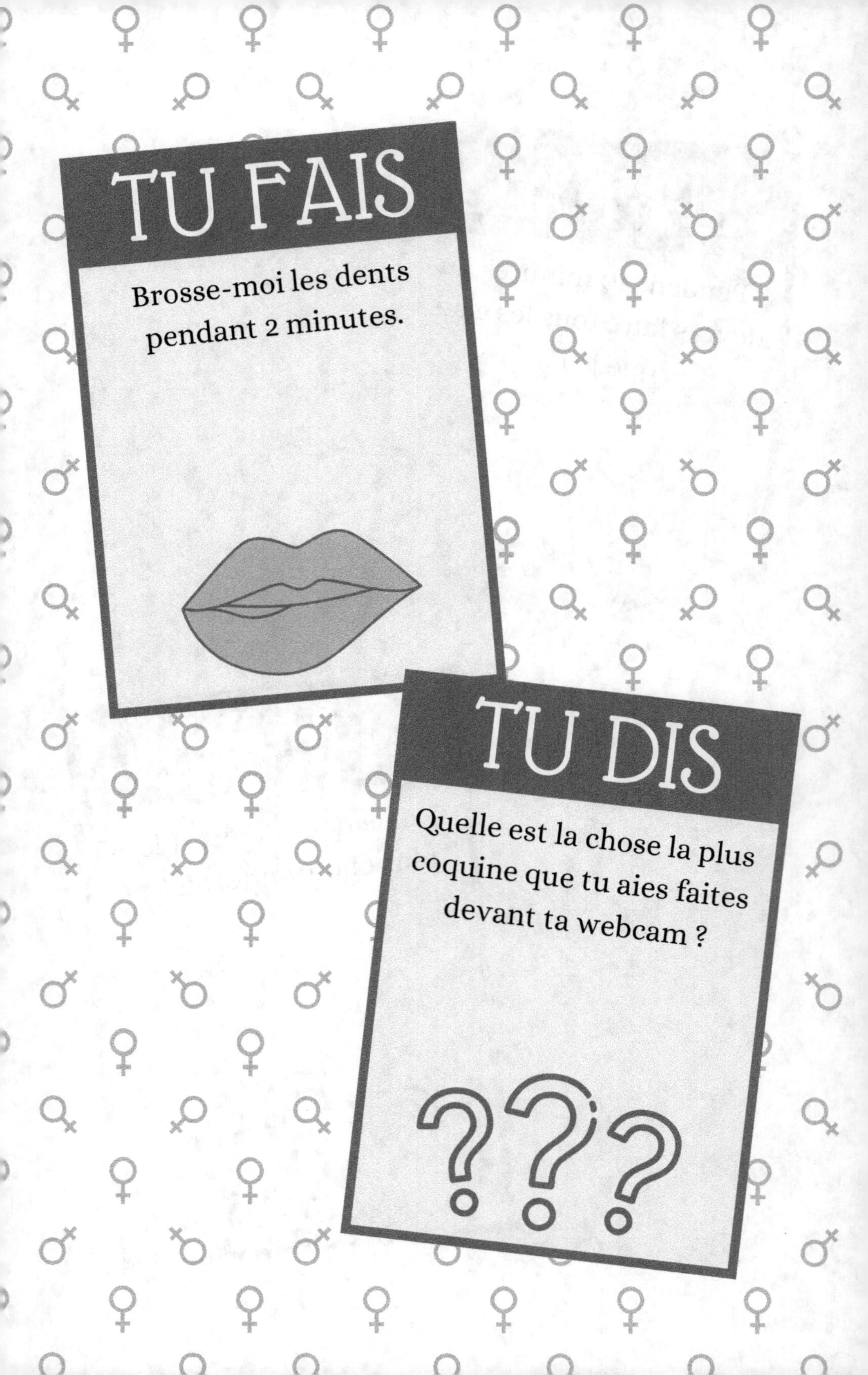

TU FAIS
Brosse-moi les dents pendant 2 minutes.
TU DIS
Quelle est la chose la plus coquine que tu aies faites devant ta webcam ?

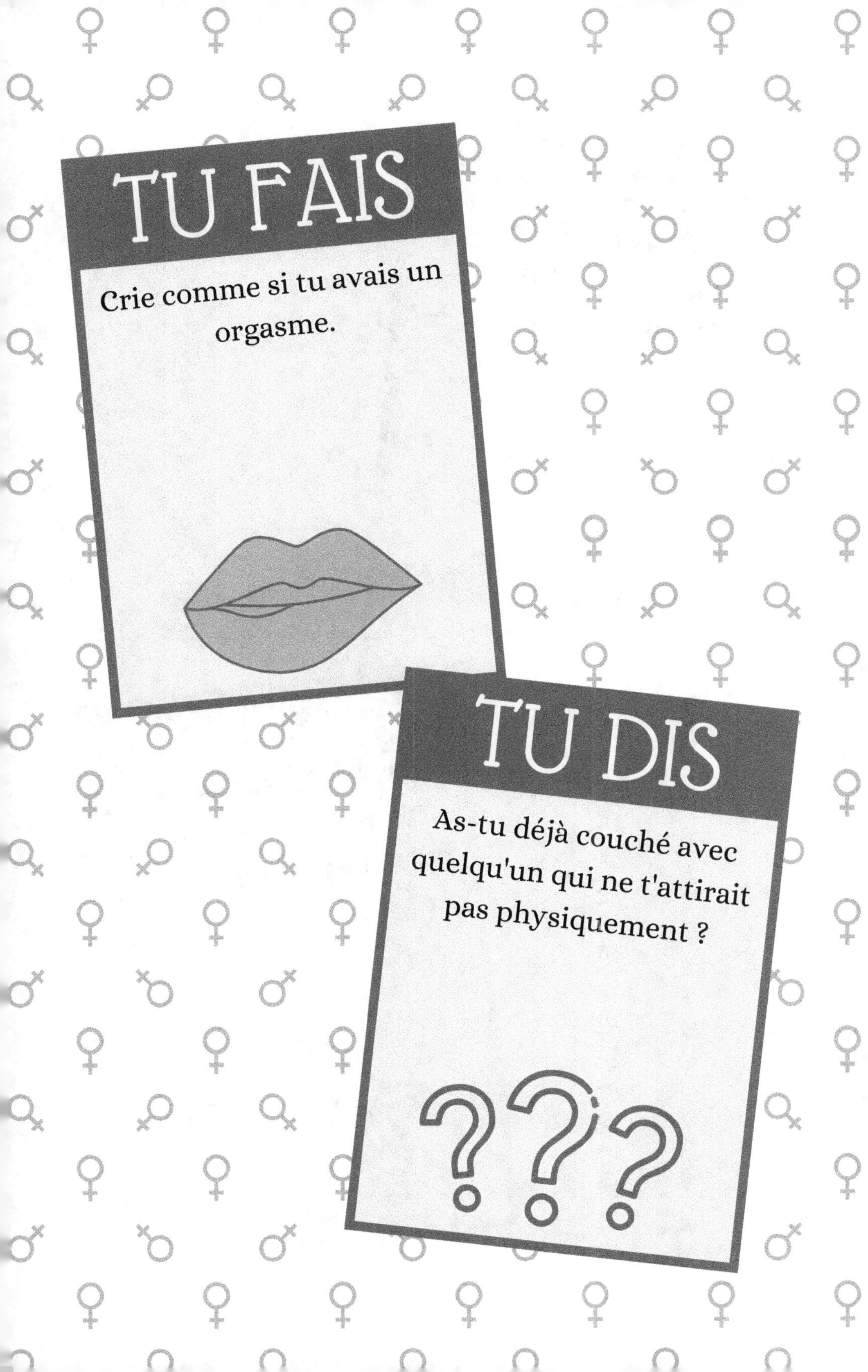

TU FAIS
Crie comme si tu avais un orgasme.

TU DIS
As-tu déjà couché avec quelqu'un qui ne t'attirait pas physiquement ?

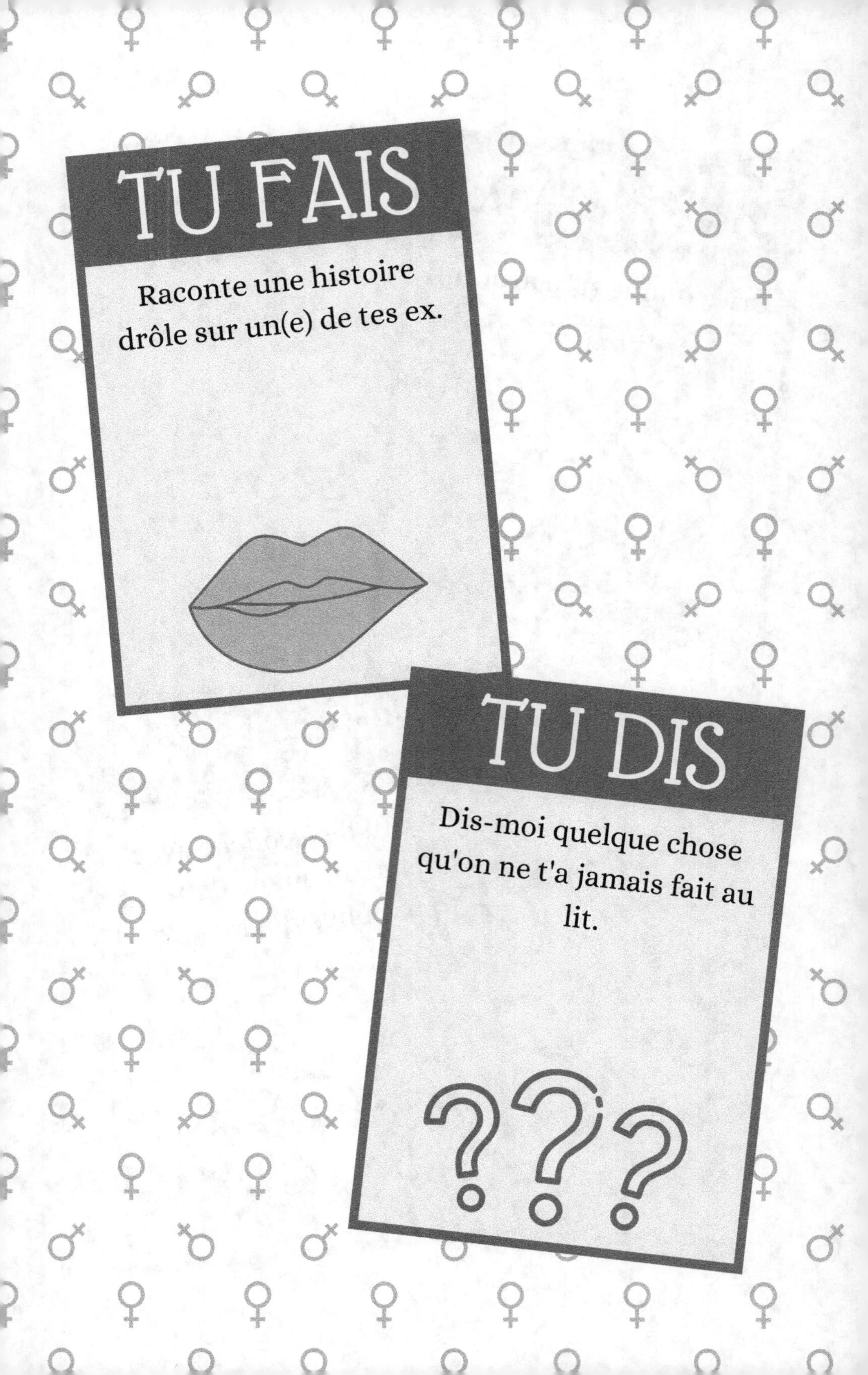

TU FAIS
Raconte une histoire drôle sur un(e) de tes ex.
TU DIS
Dis-moi quelque chose qu'on ne t'a jamais fait au lit.

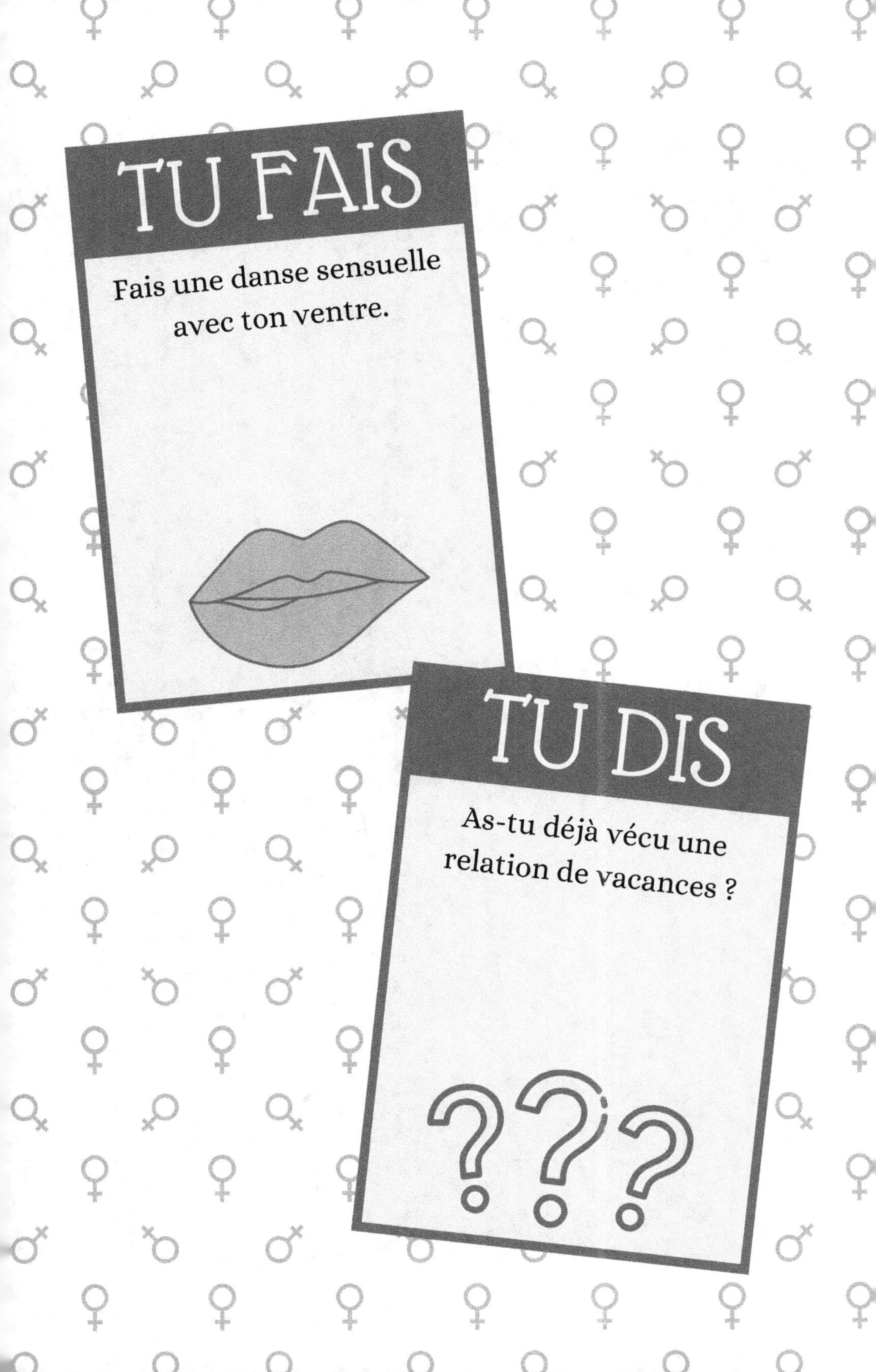

TU FAIS
Fais une danse sensuelle avec ton ventre.
TU DIS
As-tu déjà vécu une relation de vacances ?

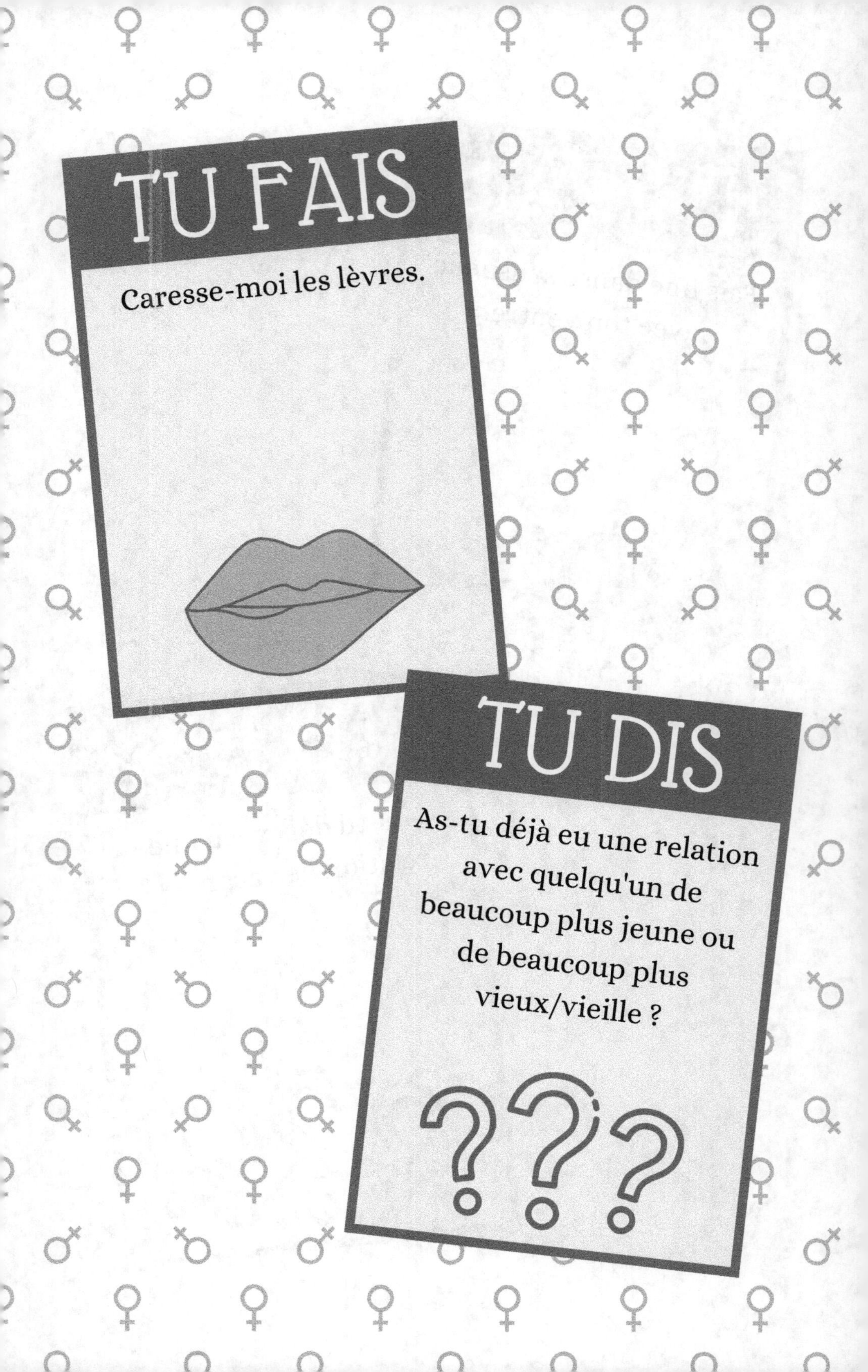
TU FAIS
Caresse-moi les lèvres.
TU DIS
As-tu déjà eu une relation avec quelqu'un de beaucoup plus jeune ou de beaucoup plus vieux/vieille ?
???

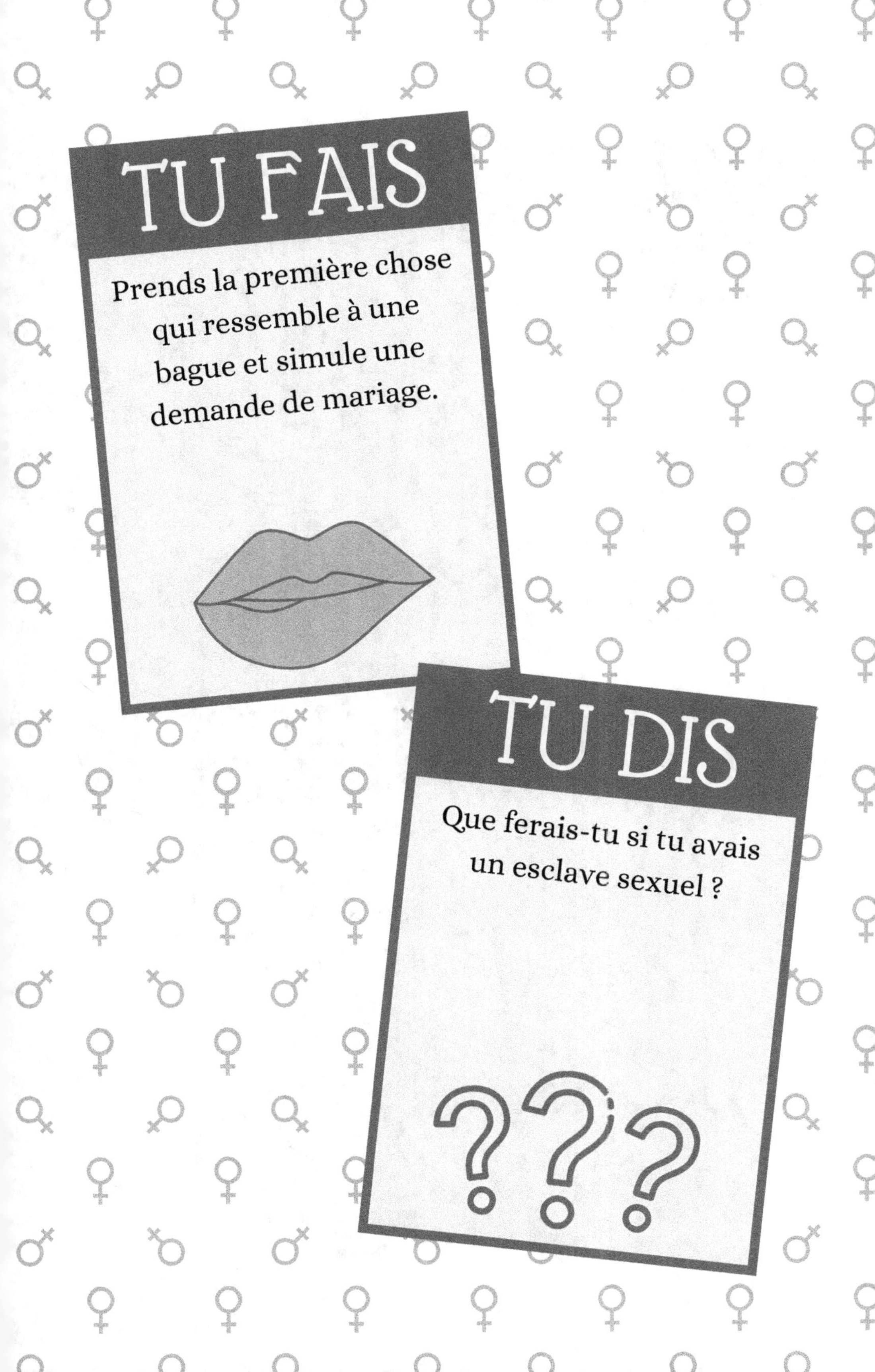

TU FAIS
Prends la première chose qui ressemble à une bague et simule une demande de mariage.
TU DIS
Que ferais-tu si tu avais un esclave sexuel ?

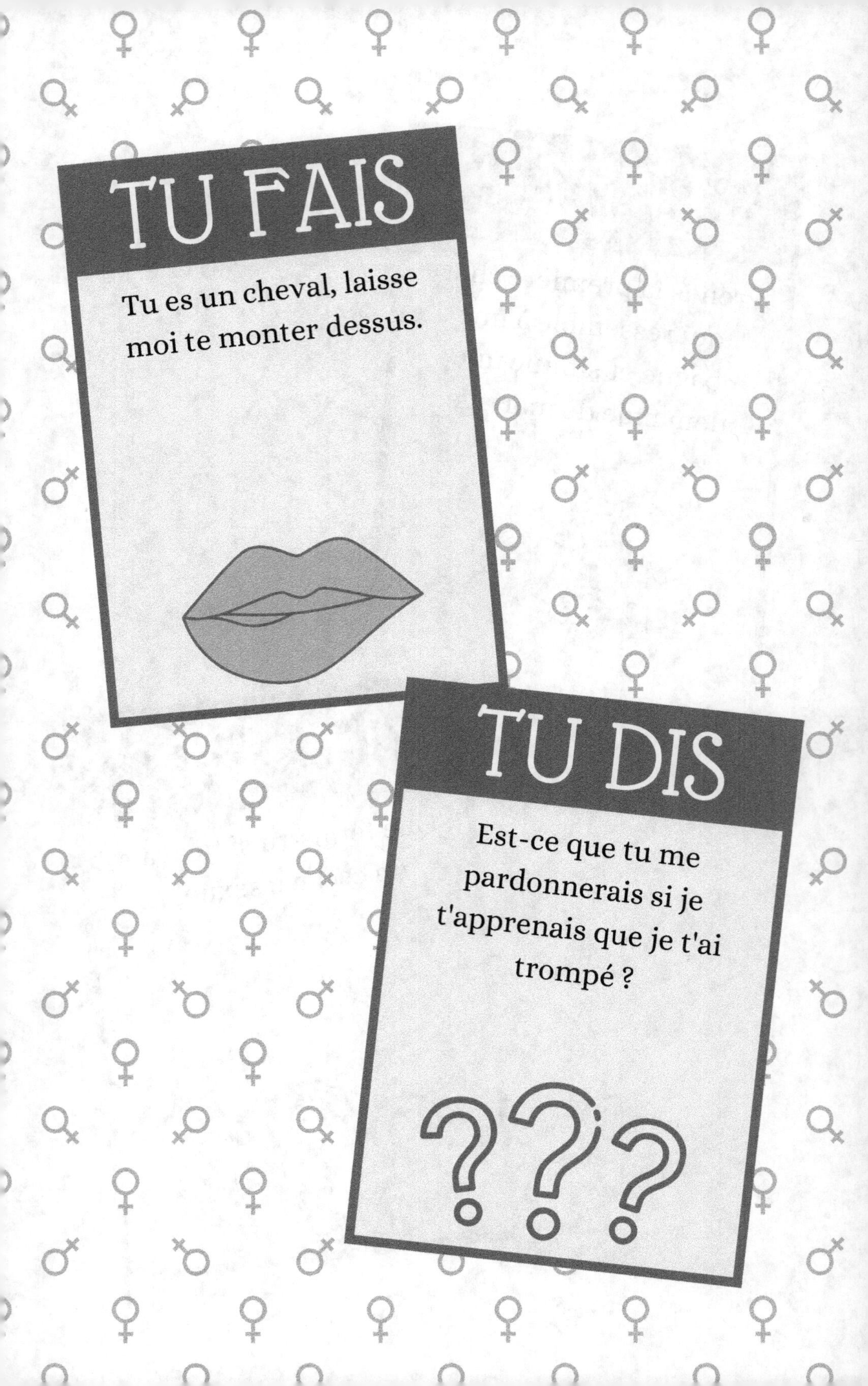

TU FAIS
Tu es un cheval, laisse moi te monter dessus.
TU DIS
Est-ce que tu me pardonnerais si je t'apprenais que je t'ai trompé ?

TU FAIS
Avale un aliment que j'ai léché.
TU DIS
Comment était ta première fois ?

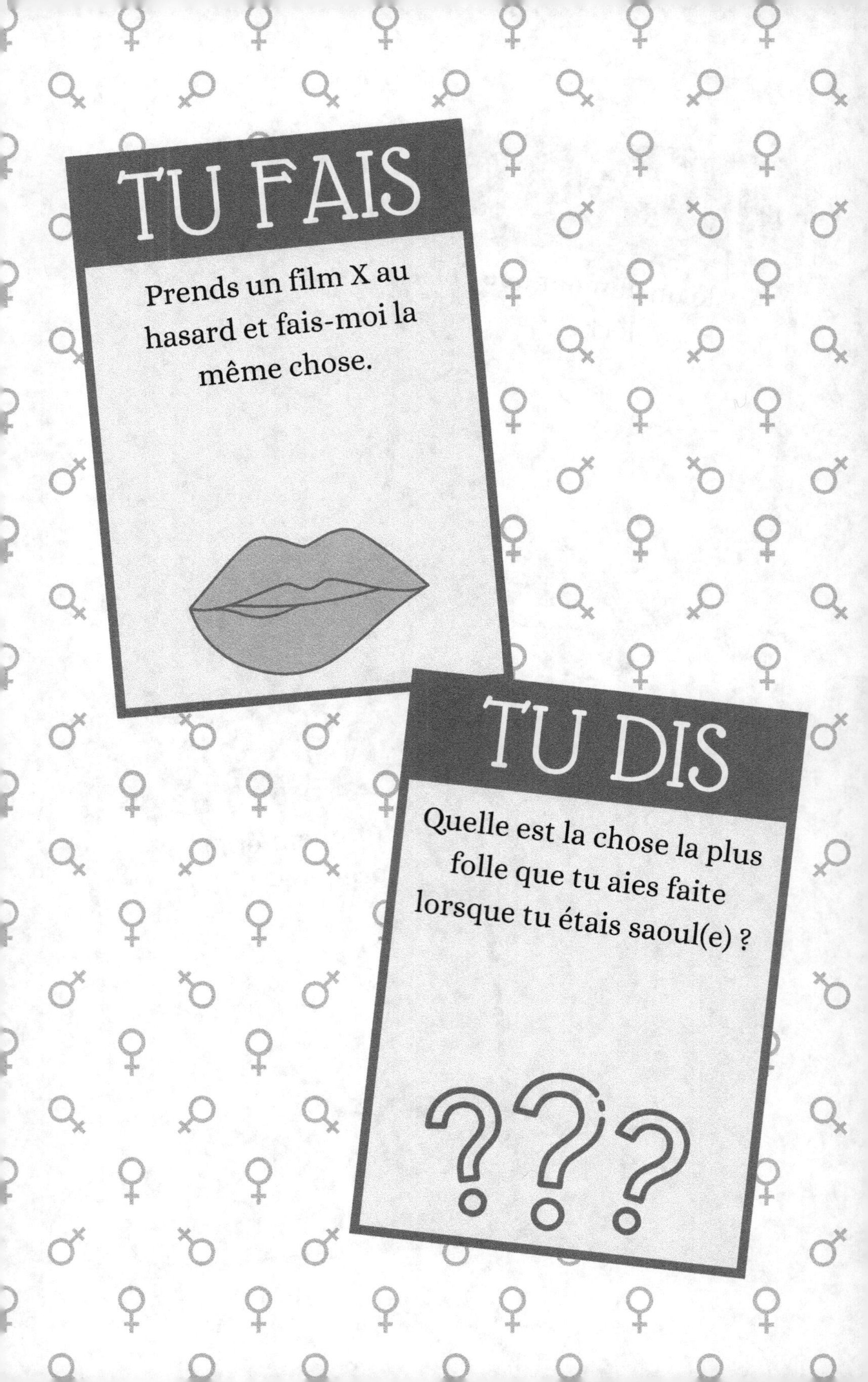

TU FAIS

Prends un film X au hasard et fais-moi la même chose.

TU DIS

Quelle est la chose la plus folle que tu aies faite lorsque tu étais saoul(e) ?

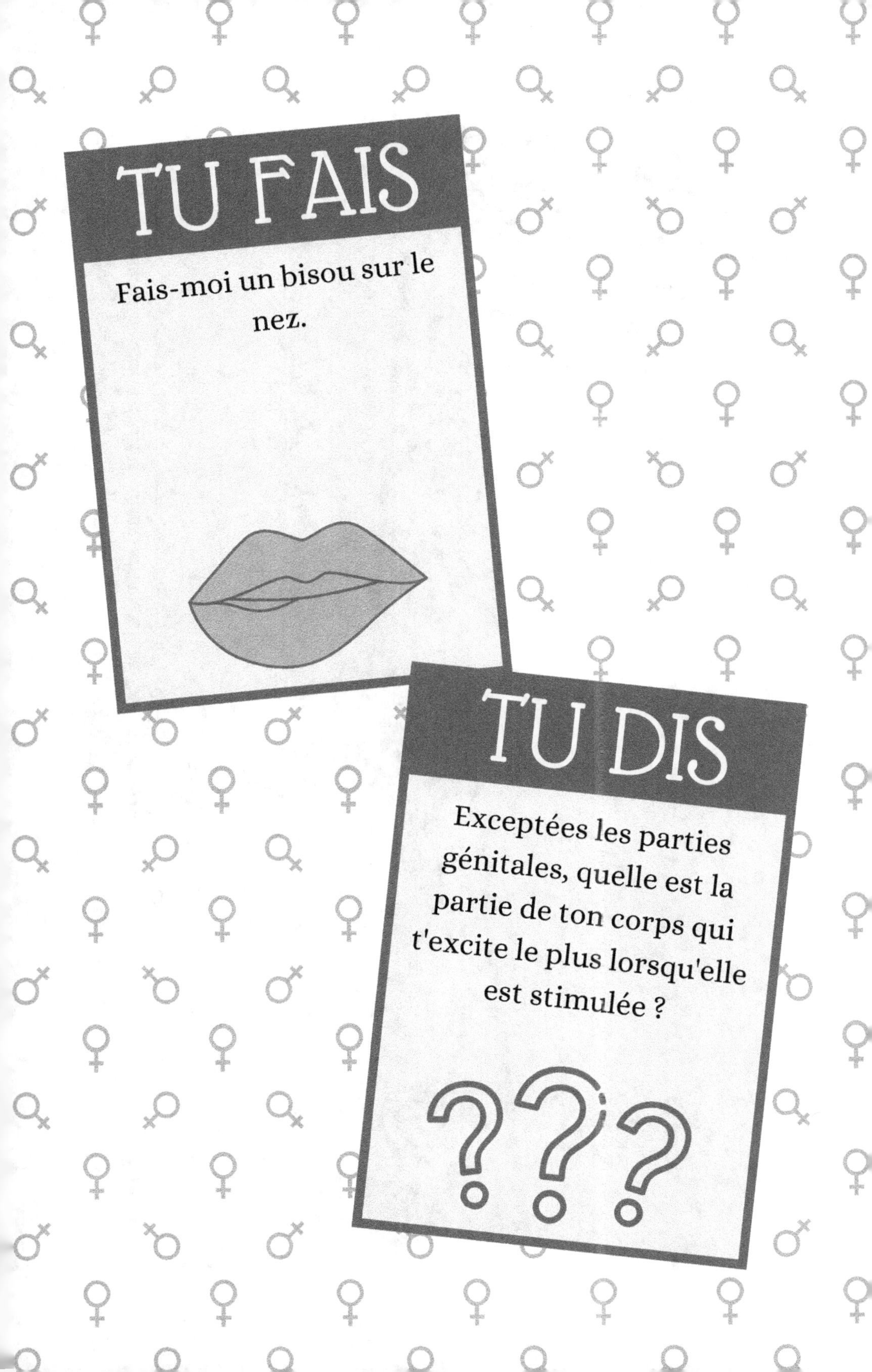

TU FAIS
Fais-moi un bisou sur le nez.
TU DIS
Exceptées les parties génitales, quelle est la partie de ton corps qui t'excite le plus lorsqu'elle est stimulée ?

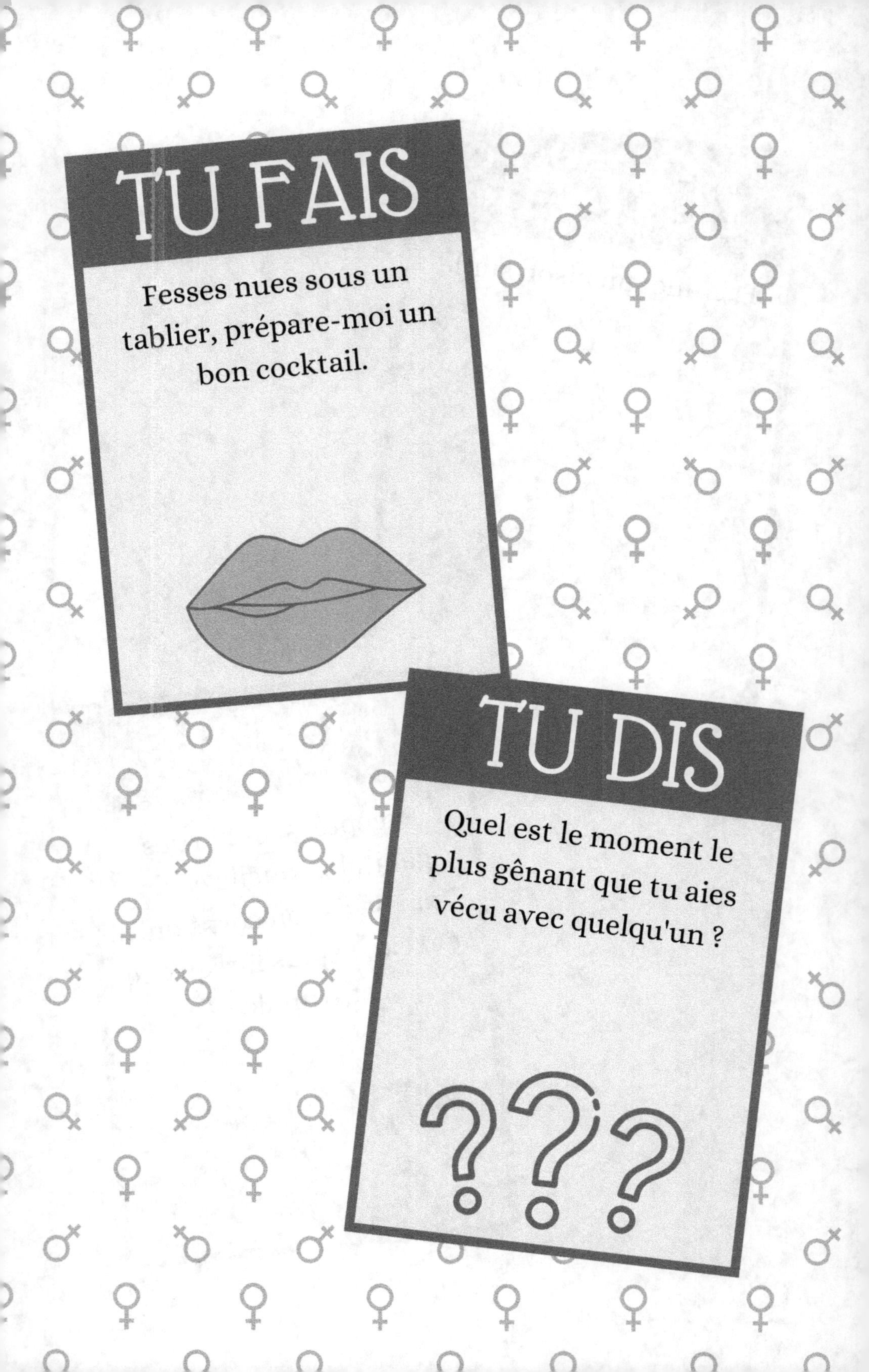
TU FAIS
Fesses nues sous un tablier, prépare-moi un bon cocktail.
TU DIS
Quel est le moment le plus gênant que tu aies vécu avec quelqu'un ?

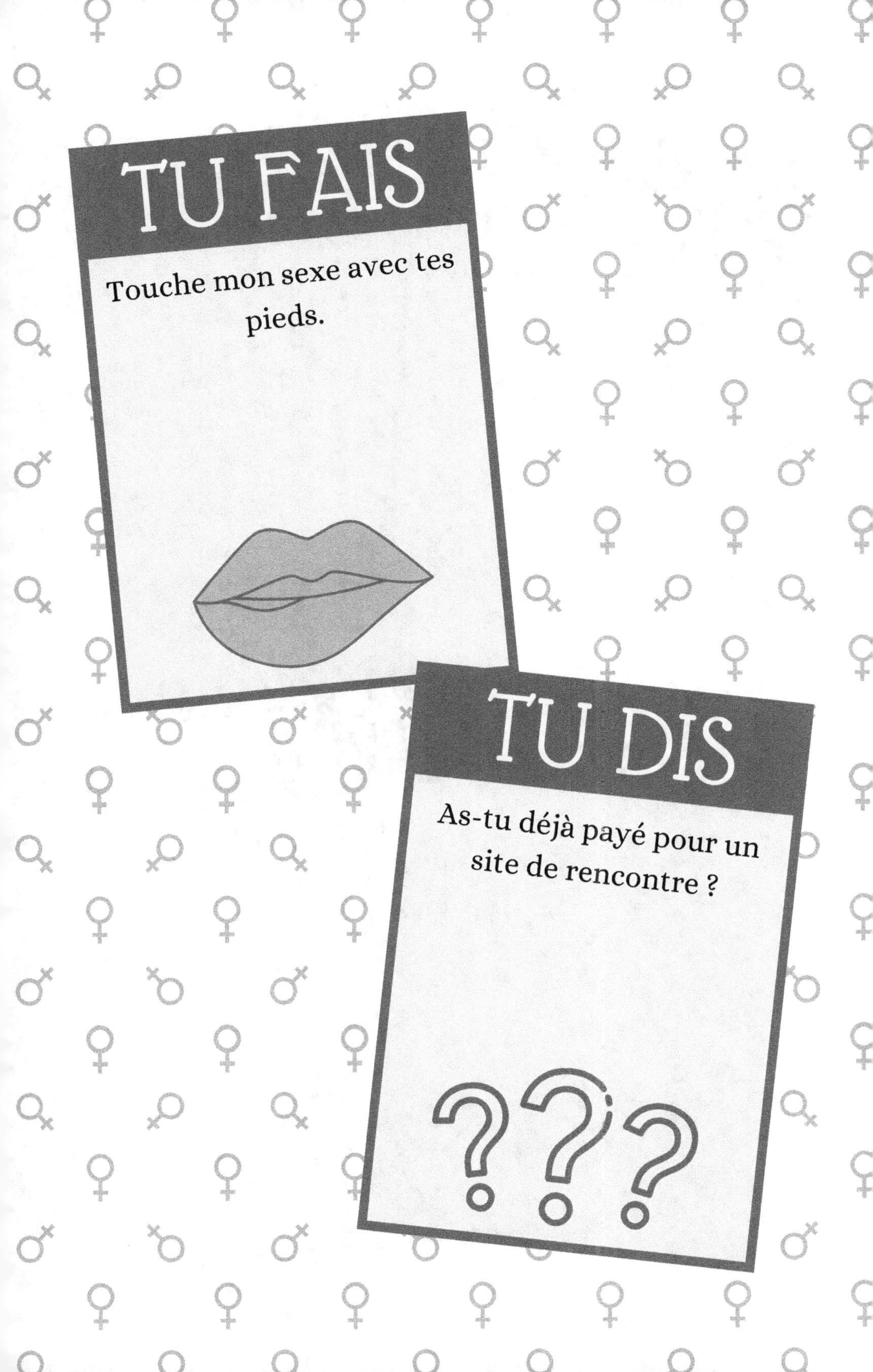
TU FAIS
Touche mon sexe avec tes pieds.
TU DIS
As-tu déjà payé pour un site de rencontre ?

TU FAIS
Fais-moi des bisous sur les pieds.
TU DIS
T'es-tu déjà fait(e) surprendre en train de te masturber ? Si oui, par qui ?

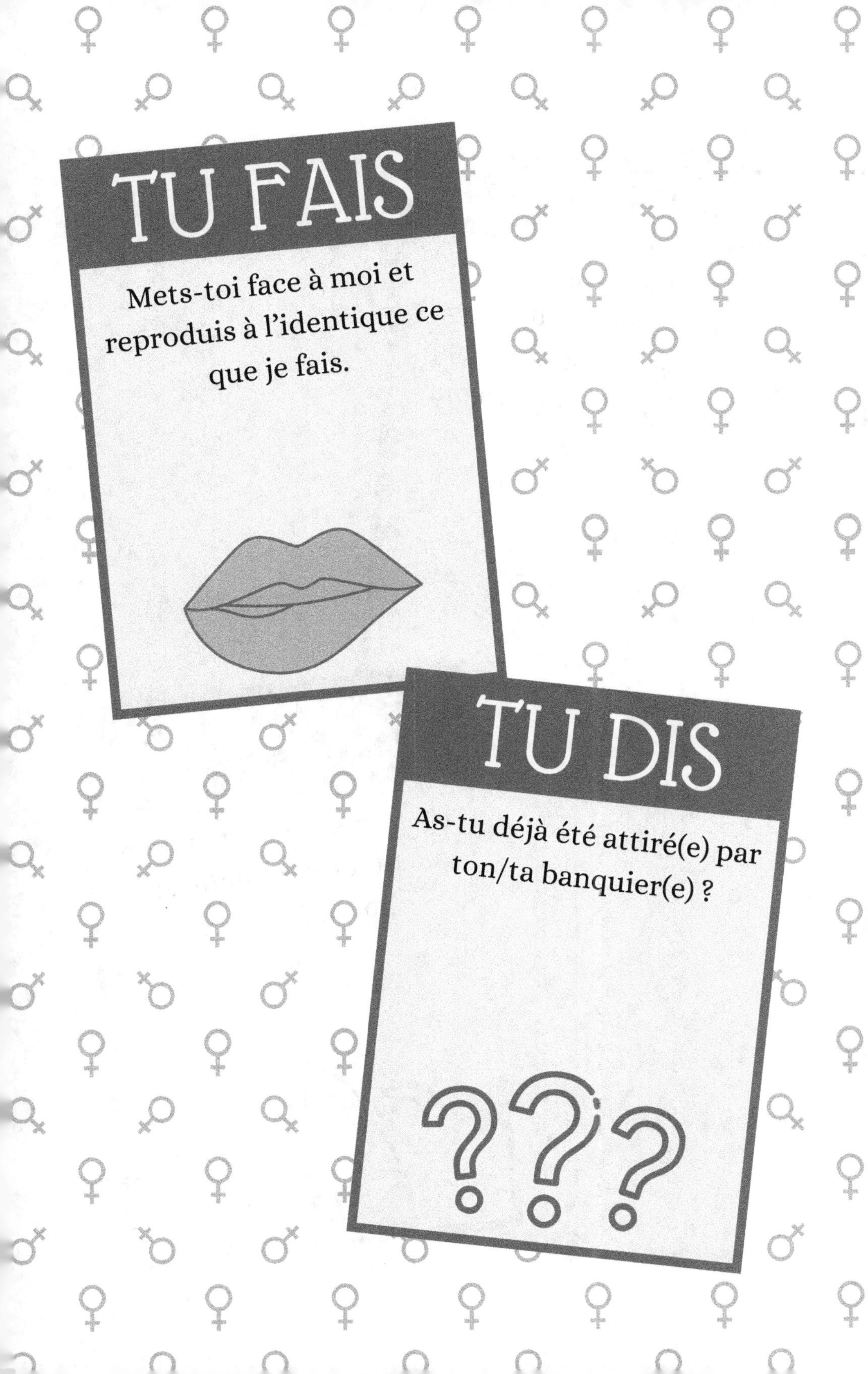
TU FAIS
Mets-toi face à moi et reproduis à l'identique ce que je fais.
TU DIS
As-tu déjà été attiré(e) par ton/ta banquier(e) ?

TU FAIS

Assieds-toi derrière moi en m'entourant de tes jambes et masturbe-moi comme si tu étais à ma place.

TU DIS

As-tu déjà ouvert la porte à un(e) inconnu(e) en petite tenue ?

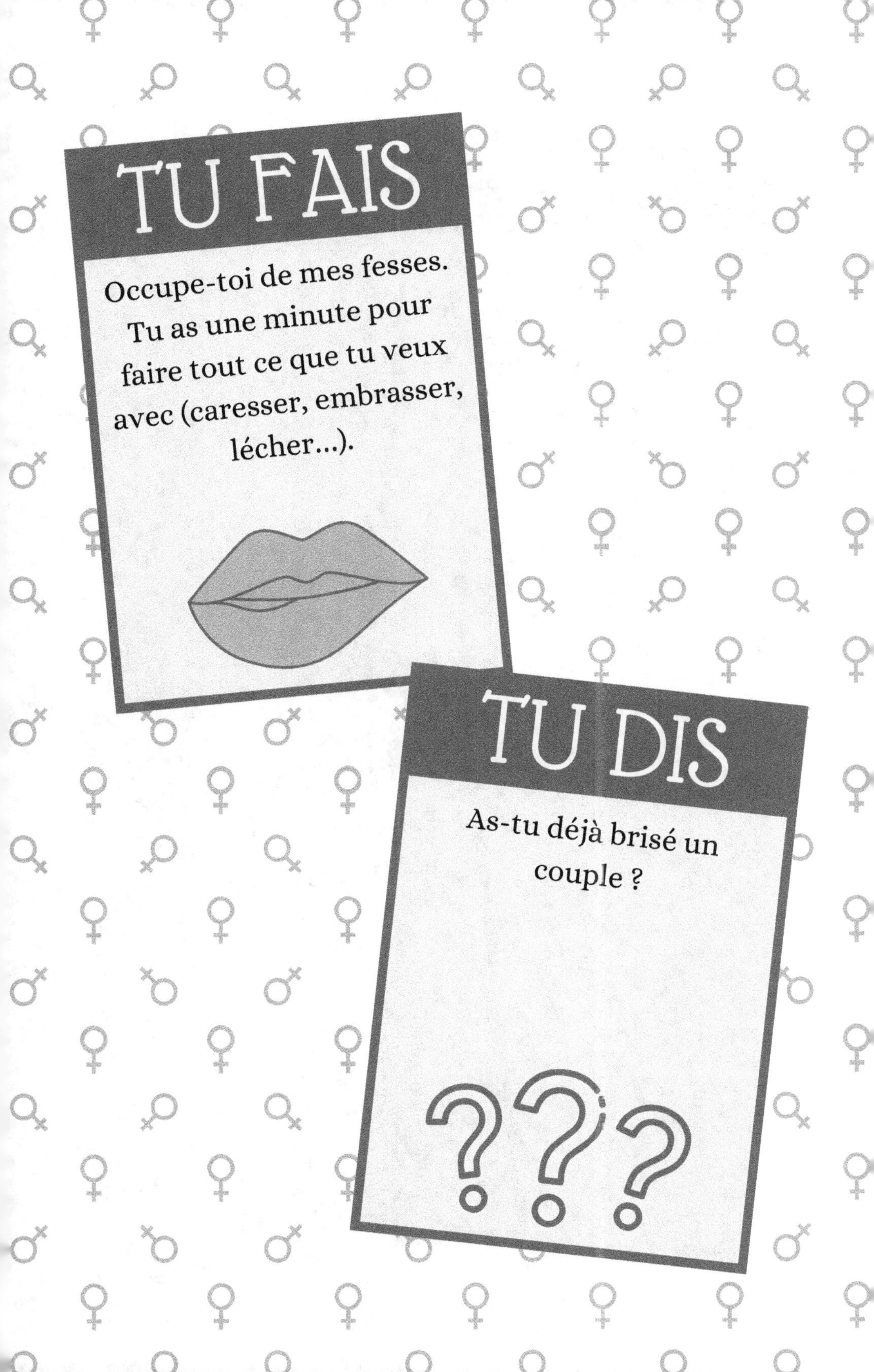

TU FAIS
Occupe-toi de mes fesses.
Tu as une minute pour
faire tout ce que tu veux
avec (caresser, embrasser,
lécher...).
TU DIS
As-tu déjà brisé un
couple ?

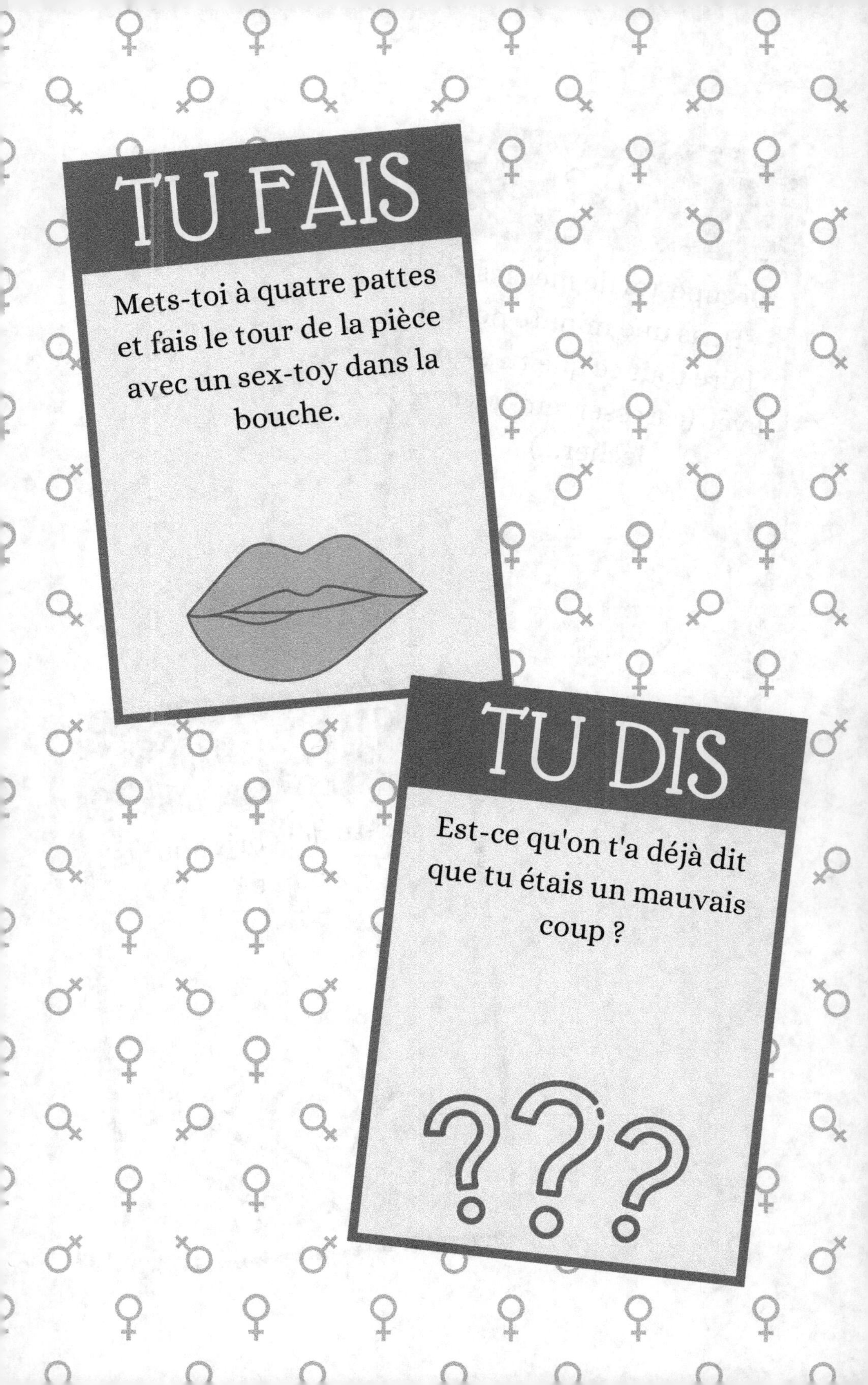
TU FAIS
Mets-toi à quatre pattes et fais le tour de la pièce avec un sex-toy dans la bouche.
TU DIS
Est-ce qu'on t'a déjà dit que tu étais un mauvais coup ?

Vos propres questions

TU FAIS/TU DIS

TU FAIS
TU DIS

TU FAIS
TU DIS
???

TU FAIS
TU DIS

TU FAIS
TU DIS

TU FAIS
TU DIS

TU FAIS
TU DIS

TU FAIS
TU DIS

TU FAIS
TU DIS

TU FAIS
TU DIS

TU FAIS
TU DIS

TU FAIS
TU DIS

TU FAIS
TU DIS

TU FAIS
TU DIS

TU FAIS
TU DIS

TU FAIS
TU DIS

TU FAIS
TU DIS

TU FAIS
TU DIS

TU FAIS
TU DIS

TU FAIS
TU DIS

TU FAIS
TU DIS

TU FAIS
TU DIS

TU FAIS
TU DIS

TU FAIS
TU DIS

TU FAIS
TU DIS

TU FAIS
TU DIS